# 新能源汽车电路

## 原理·检测·维修

刘远游 主编

化学工业出版社

·北京·

## 内容简介

本书是一本适合新能源汽车维修人员入门与提高的书籍。

本书内容涉及新能源汽车电路的原理、故障诊断与排除，共14章，包含新能源汽车整车控制器、动力电池系统、车联网系统、高压控制器、电动空调系统、暖风供给系统、慢充快充系统、经典故障案例等内容。本书从一线维修技术人员的视角出发，结合新能源汽车的设计逻辑和实际应用，搭配大量的图片，以图解的形式，介绍了新能源汽车维修学习和实践中需要注意的重点和难点，指导学习者从事新能源汽车维修及相关工作。

本书可作为职业院校、培训学校新能源汽车维修相关专业的培训教材，也可供私家车主和汽车驾驶员参阅。

图书在版编目（CIP）数据

新能源汽车电路：原理·检测·维修 / 刘远游主编. —北京：化学工业出版社，2023.11
ISBN 978-7-122-44125-6

Ⅰ.①新…　Ⅱ.①刘…　Ⅲ.①新能源 - 汽车 - 电气系统
Ⅳ.①U469.7

中国国家版本馆 CIP 数据核字（2023）第 167960 号

责任编辑：张海丽　　　　　　　　文字编辑：郑云海
责任校对：宋　玮　　　　　　　　装帧设计：刘丽华

出版发行：化学工业出版社（北京市东城区青年湖南街13号　邮政编码100011）
印　　装：中煤（北京）印务有限公司
710mm×1000mm　1/16　印张12¼　字数220千字　2024年1月北京第1版第1次印刷

购书咨询：010-64518888　　　　　售后服务：010-64518899
网　　址：http://www.cip.com.cn
凡购买本书，如有缺损质量问题，本社销售中心负责调换。

定　　价：79.80元

# 前言

环境保护问题已是全球关注的热点问题，它直接关系到人类的生存。随着我国绿色发展稳步推进，新能源汽车的产量和销量在逐年增加，也推动着新能源汽车技术不断前进和发展，不少汽车厂家都加大新能源汽车的投入，而我国在新能源汽车领域走在了世界前列，处于领先地位。

新能源汽车前端的产能和销售不断增长，对后端的维保技术人才需求量也在逐渐增加。燃油车的维保技术和新能源汽车维保技术是完全不同的两个概念，燃油车是机械工程，而新能源汽车侧重电子工程，这导致燃油车维保技术人员无法快速上手维保新能源汽车。此外，在信息革命的今天，各行各业都在进行技术创新，随着新能源汽车的普及和新技术的不断升级，维修技术人员也需要及时进行知识和技术更新。

笔者进入新能源汽车维修领域多年，是一名具有丰富经验的新能源汽车维修技术人员。在本书的编写过程中，收集了新能源汽车维修连锁品牌——"海越方"平台的多个门店实操案例，整理了大量故障数据，结合笔者自身的维修操作技能总结、给学员做技术培训中的教学案例以及同行从业的经验分享，每一章在讲解知识点的同时，配以大量实际案例，分析故障原因。

本书从一线维修技术人员的视角出发，结合新能源汽车的设计逻辑和实际的应用，搭配大量的图片，对新能源汽车各控制系统、高压安全、三电技术的工作原理、故障诊断和维修方法进行了详细讲解，是一本图文并茂的维保实用工具书，也是一本知识教科书。不管是对初入新能源汽车维保的人员，还是从燃油车维保转型新能源汽车维保的技术人员来说，本书都是一本不错的参考书。通过对本书内容的学习，读者可快速上手新能源汽车的维修保养工作。

本书内容涉及新能源汽车电路的原理、故障诊断与排除，注重知识性、系统性、实操性，以"图"代"解"，以"解"说"图"，力求以最直观的方式将最实用的内容呈现给读者。全书共 14 章内容，包含新能源汽车整车控制器、动力电池系统、车联网系统、高压控制器、电动空调系统、暖风供给系统、慢充快充系统、经典故障案例等。书中列举的原理、故障诊断和维修方式，大部分是作者在实际维修中从各种检测方法和不同车型维保的经验中总结得出，有效提炼了学习和实践中需要注意的重点和难点，从而使本书在读者从事新能源汽车维修及相关工作过程中真正起到良好的指导作用。

本书由具有近十年新能源汽车维修经验的维修专家团队编写，刘远游任主编，参编人员有王书松、何宁、马维诚、马小美、马昌敏。本书在编写过程中参考了相关的多媒体资料及原车维修手册，在此一并表示衷心的感谢。

由于作者学识所限，书中难免有不足之处，望读者给予指正。

编者

# 目录

## 01 第1章
## 新能源汽车的认识

## 02 第2章
## 新能源汽车高压安全操作规范

## 03 第3章
## 新能源动力电池内部组成与控制系统

# 04 第4章
## 整车控制器工作原理与作用

# 05 第5章
## 远程监控终端系统

# 06 第6章
## 电机控制器系统

# 07 第7章
## DC/DC 转换器

# 08 第8章
## 高压配电箱

# 09 第9章
## 车载充电机/慢充系统

# 10 第10章
## 快充系统

# 11 第11章
## 高压互锁系统

# 12 第12章
## 电动空调系统

# 13 第13章

## 暖风供给系统

# 14 第14章

## 故障案例分析

# 第1章

## 新能源汽车的认识

### 1.1 什么是 HEV 系统车型

目前市面上的新能源汽车有很多种，汽修同行对新能源汽车的概念还不是很清晰，很多同行看到带高压电的车型，就认为是新能源汽车或者是混动的新能源汽车。其实，有些只是高压驱动系统，各个系统不同且厂家不一样，所以带高压电的车辆不一定就是新能源汽车。

HEV 是指油电混动汽车，全称为 Hybrid Electrical Vehicle。图 1.1（a）这款车型，为丰田的混合动力车型，不属于新能源汽车，该高压系统配置设计为辅助运行系统，在车辆行驶低速时，高压系统进入主要工作状态，发动机停止运行。因为发动机在低速运行时转矩小且耗油，而高压系统则在低速运行，电机转矩大。两个系统相互结合，互补长短配合工作，使运行状态达到最佳，既省油也不影响驾驶体验，并且环保。目前，丰田的混合动力系统技术是较好的，但是该系统在纯电模式下只能行驶约 3km，且该系统没有装配充电系统，所以不在新能源汽车的归类里面，即该车挂蓝牌，如配置充电系统，则可以申请绿牌，如图 1.1（b）所示。

图 1.2 为丰田车型高压系统配置图，与雷克萨斯车型相同，都是由发动机、电

机控制器（动力控制单元）、发电机（MG1）、电动机（MG2）、E-CVT 变速箱、充电单元、动力电池组成。

(a)          (b)

图 1.1   带高压电的车辆

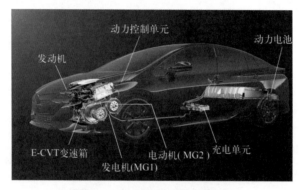

图 1.2   丰田高压系统配置图

如图 1.3 所示，丰田变速箱内部主要的核心元件是行星齿轮机构，它可以很好地将发动机动力和 MG1 电机、MG2 电机的动力均匀分配。MG1 电机主要用于启动发动机和发电，MG2 电机主要用于驱动车辆行驶。

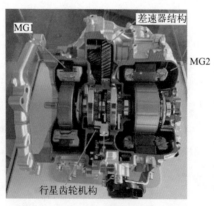

图 1.3   丰田和雷克萨斯变速器内部结构（E-CVT）

## 1.2 丰田雷克萨斯系统驱动原理讲解

如图 1.4 所示，当车辆低速起步行驶时，发动机不启动，使用高压电池系统进行驱动，动力由动力电池传递到电机控制器，电机控制器驱动 MG2 电机，电机将动力经过差速器传到车轮，进行低速行驶。

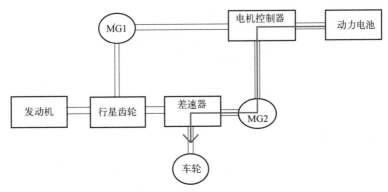

图 1.4　车辆起步示意图

电机的转动方向是可以控制的，当车辆倒车时，电机控制器驱动 MG2 电机进行反转，车辆实现倒车运行。

如图 1.5 所示，当车辆达到一定车速时，高压系统会通过电机控制器驱动 MG1 电机，此时 MG1 作为起动机来启动发动机。发动机介入工作，一起驱动车辆行驶。

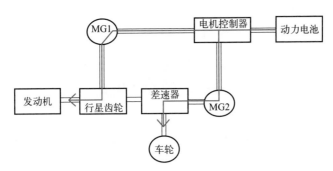

图 1.5　行车启动发动机示意图

如图 1.6 所示，当发动机介入工作时，发动机会带动 MG1 电机旋转发电，将电能传到电机控制器，再通过电机控制器整流和滤波，向动力电池进行充电，使动力电池电源得到补充。同时，发动机的动力会传递到行星齿轮、差速器，最后到车轮，使车辆高速行驶。

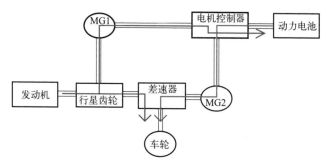

图 1.6　发动机介入工作示意图

如图 1.7 所示，当车辆减速时，高压系统和发动机停止工作，由驱动状态转变为负功率状态，此时车轮的能量通过差速器传递到 MG2 电机，MG2 电机开始发电，向动力电池补充电量。

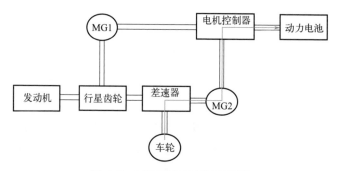

图 1.7　减速能量回收示意图

## 1.3　什么是 SHEV 车型

SHEV 车型属于早期的新能源汽车车型，2018 年以后已基本停止生产此类车型。该车型与 HEV 车型有所不同，这种车型是"增程式"混合动力汽车。

如广汽传祺的 GA5（图 1.8）、美国雪佛兰的沃蓝达（图 1.9）、宝马的 i3 增程版等车型，都属于 SHEV 车型。"S"是串联的意思，HEV 是混动的意思，即将发动机和高压系统进行串联，不做并联的驱动车辆控制，所以叫 SHEV 车型。

图 1.8　广汽传祺 GA5 发动机舱示意图

图 1.9　雪佛兰沃蓝达发动机舱示意图

如图 1.10 所示，当 SHEV 车型起步时，动力电池电源输出到电机控制器，电机控制器驱动 MG2 电机，电机驱动差速器传递动力到车轮，此时车辆向前或者向后行驶。当电池电量足够时，发动机不启动，仅高压系统工作。

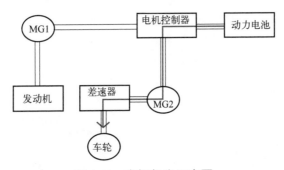
图 1.10　车辆起步示意图

如图 1.11 所示，当动力电池电量不足时，电机控制器会驱动 MG1 电机启动发动机（图中蓝色动力传递线），发动机启动后通过 MG1 电机进行发电向动力电池充电（图中橙色动力传递线）。发动机仅用于发电，用动力电池的电进行车辆的驱动和行驶。此类系统可以节省约 30% 的燃油消耗量或者说增加 30% 的续航能力。

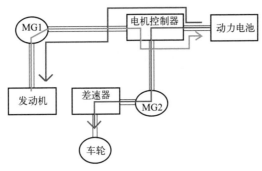
图 1.11　MG1 电机启动发动机发电示意图

005

## 1.4 什么是 PHEV 车型

PHEV 的英文全称是 Plug-in Hybrid Electric Vehicle，翻译成中文就是"插电式"混合动力车型。这里和 HEV 车型不同，HEV 车型不能外置充电，只能靠发动机运行来补充电能，PHEV 可以用家用电对电池进行充电。简单来说，PHEV 车型就是在原有的发动机基础上增加了一套纯电动汽车的高压系统，可以相互使用和切换，如早期国内品牌的比亚迪唐、广汽传祺 GA3S 等就是 PHEV 混合动力，配置了前后双电机，实时电四驱驱动。

PHEV 是将燃油车和纯电动汽车结合在一起，既有传统燃油发动机、自动变速器、齿轮箱、油箱，也有纯电动汽车的动力电池、驱动电机、电机控制器、电动压缩机、DC/DC 转换器等控制器。PHEV 为插电式混合动力，只要具备插电功能，像 SHEV、PHSEV 都可以称之为 PHEV 混合动力。比亚迪秦 PLUS DM-i 混合动力高压系统组件如图 1.12 所示。

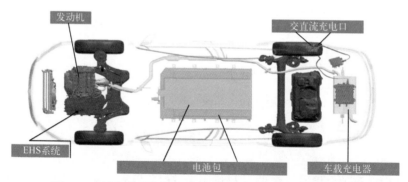

图 1.12　比亚迪秦 PLUS DM-i 混合动力高压系统组件图

比亚迪秦 PLUS DM-i 整车分前舱、乘员舱、后舱三部分（图 1.13）。前舱配置发动机与双电机驱动系统、电动压缩机；乘员舱底盘配置动力电池包与车内 PTC 加热系统；后舱为车辆快充与慢充系统，车载充电机集成了 DC/DC 转换器。

比亚迪秦 PLUS DM-i 整车分为三种工作模式：

第一种为纯电动驱动模式。能量由动力电池输出到前部电机控制器，电机控制器控制 MG2 电机，电机带动变速箱差速器（此时变速箱内部离合器断开，发动机不工作，MG1 电动机也不工作），动力传到车轮使车辆前进或者后退（如图 1.14）。

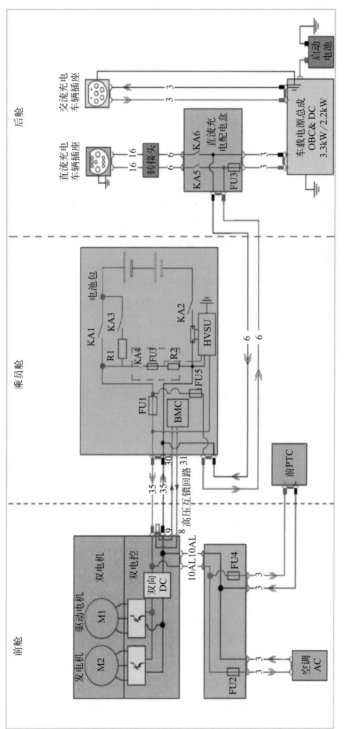

图 1.13　比亚迪秦 PLUS DM-i 整车分布

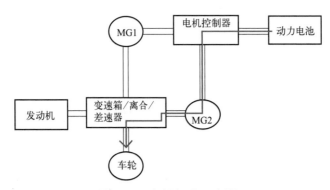

图 1.14　车辆起步示意图

　　第二种为串联驱动模式。当动力电池电量不足时，电机控制器控制 MG1 启动发动机（MG1 电机启动发动机后就停止工作，如图 1.15 中的蓝色能量传递线）。发动机工作后带动 MG1 电机旋转，电机在被带动时发电，所发的电经过电机控制器整流向动力电池充电（此时变速箱内部离合器断开，发动机动力不输出到车轮，如图 1.15 中的橙色能量传递线）。动力电池的能量再向电机控制器输出，电机控制器驱动 MG2 电机转动，MG2 电机通过变速箱内部差速器传递动力到车轮，车辆向前或向后行驶。

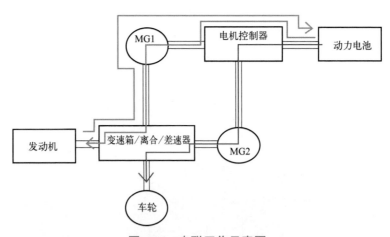

图 1.15　串联工作示意图

　　第三种为并联驱动模式。当动力电池电量不足时，或者用户开启运动模式或混动模式，此时发动机启动，变速箱内部离合器接合，发动机动力可以传递到车轮，驱动车辆前后或者后退。MG1 电机不进行发电和驱动（如图 1.16 中的橙色能量传递线），高压驱动部分 MG2 和发动机一起输出动力成并联关系。同时，动力电池电量严重不足时，MG2 电机会进行发电，向动力电池充电。

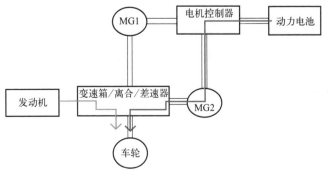

图 1.16　并联工作示意图

## 1.5　什么是 FCEV 车型

　　FCEV 是指燃料电池汽车，全称为 Fuel Cell Electric Vehicle，以压缩氢气作为能量来源。燃料电池汽车与现在的纯电动汽车最大的区别就在于纯电动汽车是存储电能，燃料电池汽车是发电产生源源不断的能量。车辆上储备的氢气和大气中的氧气在燃料电池堆中发生氧化还原反应并产生电能，将电能传输到控制器，从而带动电机运转、驱动车辆行驶。燃料电池汽车的优势是环保无污染，排放物只有水，同时它的续航里程较长，加注氢气也很快。现在的纯电动汽车充电需要一段时间，续航恢复很慢，而燃料电池汽车加氢气就像燃油车加汽油一样，很快就能恢复续航。燃料电池汽车主要组成如图 1.17 所示。

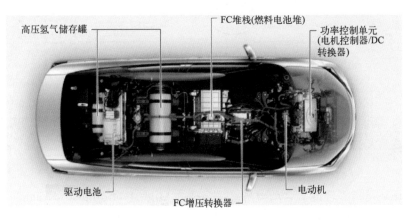

图 1.17　氢燃料电池车辆示意图

燃料电池汽车目前被誉为汽车交通最终的解决方案，它结合纯电动汽车的所有条件和优势，而且加氢气和加汽油一样快速便捷，更加环保没有污染。

如图 1.18 所示，燃料电池和辅助动力电池成并联关系，车辆的驱动用电由燃料电池和辅助动力电池共同承担。当车辆起步时，如果辅助动力电池内部有足够的电量，电能传递到电机控制器、电机控制器控制驱动电机，电机再将电能转换为机械能带动差速器旋转，从而驱动车辆前进（如图 1.18 中的红色能量传递线）。

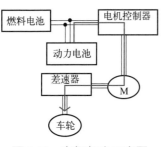

图 1.18　车辆起步示意图

如图 1.19 所示，当辅助动力电池的电量不足时，燃料电池启动，为辅助动力电池充电，同时对车辆驱动所需要的能量进行供应（如图 1.19 中的橙色能量传递线）。当车辆减速或者制动时，驱动电机将变成发电机，将机械能转化为电能，通过电机控制器整流向辅助动力电池进行充电。燃料电池本身发电，所以电机所发的电不走向燃料电池（如图 1.19 中的蓝色能量传递线）。

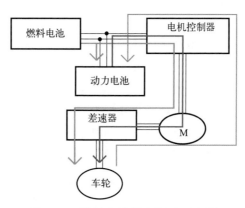

图 1.19　燃料电池发电驱动示意图

## 1.6　什么是 MHEV 车型

MHEV 是指"轻混"合动力系统，全称为 Mild Hybrid Electric Vehicle。48V 轻混系统属于新能源混合动力技术的一种，此技术目前在各大品牌的汽车上应用，如保时捷、奥迪、吉利、大众、比亚迪、奔驰、沃尔沃等。配置该系统可以节省约15%的燃油消耗，或者说增加15%的续航里程能力，同时在车辆提速方面也可以有效提升动力，控制发动机的启动和熄火也达到了一定的环保作用。

如图1.20～图1.22所示，整个系统由一台集成在发动机前端轮系上的BSG电机、DC/DC转换器、48V锂电池包、混动模块控制系统等组成，实现发动机舒适启动、低速助力、停机辅助、停机滑行、改变意图、全速助力、滑行能量回收、制动能量回收、扩展停机、发动机工况优化、整车能量管理等功能。动力性方面，低速（0～40km/h）加速性能提升10%左右。舒适性方面，整车NVH性能得到提升，用BSG电机来启动发动机，发动机启动和发动机熄火时的振动有明显减小。

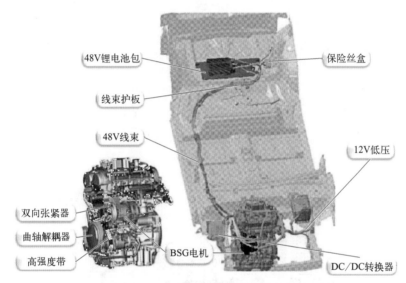

图1.20　吉利博瑞轻混系统透视图

图1.21　BSG电机安装位置

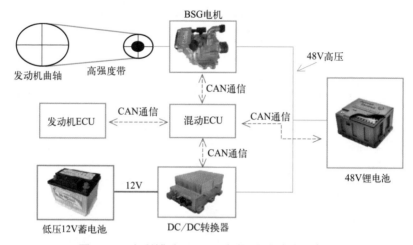

图 1.22　吉利博瑞 MHEV 轻混系统简略控制图

48V 轻混系统启动工况：车辆处于停车状态或在等待红绿灯时，发动机不启动，由 48V 电池包通过 DC/DC 转换器向车辆低压用电器供电。当车辆需要起步时，48V 动力电池包向 BSG 电机供电，BSG 电机将电能转化为机械能驱动带盘带动发动机曲轴转动，此时发动机启动（图 1.23）。

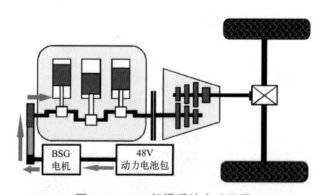

图 1.23　48V 轻混系统启动工况

48V 轻混系统助力工况：当发动机启动后，车辆需要急加速或处于上坡时，BSG 电机会辅助发动机，通过带轮和高强度带助力发动机运转，提升发动机转矩（如图 1.24 中蓝色能量传递线）。发动机在启动后自身也会输出动力，驱动车辆前进（如图 1.24 中橙色能量传递线）。

48V 轻混系统充电工况：当 48V 动力电池包锂电池组电量不足时，首先 48V 电池管理器会通过 CAN 通信告诉混动 ECU 模块，混动 ECU 模块再通过 CAN 通信控制 BSG 电机启动发动机。发动机启动后或者在行驶时，发动机曲轴盘通过高强度带带动 BSG 电机旋转，BSG 电机将机械能转化为电能，向 48V 动力电池包进行充电（图 1.25）。

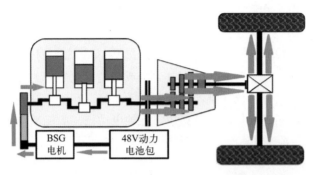

图 1.24 48V 轻混系统助力工况

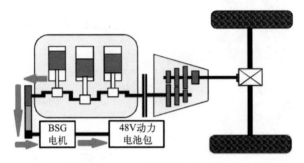

图 1.25 48V 轻混系统充电工况

48V 轻混系统能量回收工况：当车辆处于减速时或者处于滑行时，车轮的能量会传递到变速箱，变速箱再将动力传递到发动机，发动机再将动力传递到曲轴盘，曲轴盘再将动力传递到 BSG 电机，BSG 电机再将机械能转化为电能，向 48V 动力电池包进行充电蓄能（图 1.26）。

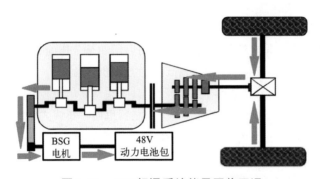

图 1.26 48V 轻混系统能量回收工况

## 1.7 什么是 EV 车型

EV 是指"纯电动"汽车，全称为 Electric Vehicle。出于技术与环保要求，现在的新能源纯电动汽车全部采用动力电池组或者超级电容作为动力能源，纯电动汽车不产生废气，没有排放污染，能源利用效率高。在汽车减速制动时，电机可以转化为发电机，实现能量回收再利用。且纯电动汽车的能耗费用要远远小于内燃机汽车。新能源纯电动汽车的组成结构如图 1.27 所示。

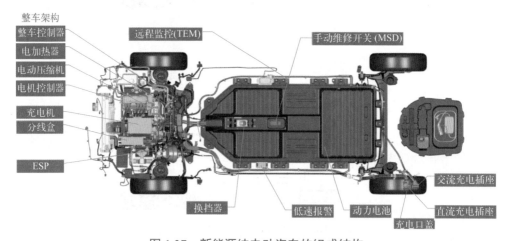

图 1.27　新能源纯电动汽车的组成结构

新能源纯电动汽车的主要组件安装位置如下：动力电池组（BMS）安装在底盘下部，电机控制器（MSU）安装在前机舱，DC/DC 转换器（DC）安装在前机舱，车载充电机（OBC）安装在前机舱或后备厢，整车控制器（VCU）安装在前机舱或室内，高压配电箱（HVDU）安装在前机舱或室内。这些高压控制器是每台新能源纯电动汽车不可缺少的部件。

如图 1.28 所示，北汽新能源 EV200 早期采用的是分体的高压控制器，它将所有的高压用电器分离出来，是汽修同行最好的学习车型之一。比亚迪 e5 车型前机舱就只有一个高压控制器，如图 1.29 所示，其实它是将电机控制器、高压配电箱、DC/DC 转换器、车载充电机集成到了一个控制器里面。集成式控制器简称"PEU"四合一控制器。不管是什么车型，都离不开这些控制器，除了样子不同以外，新能源汽车的结构组成都是大同小异的。

图 1.30 为纯电动汽车驱动能量走向示图。当车辆向前或者向后行驶时，动力

电池的能量传递到电机控制器，电机控制器控制电机，电机将电能转换为机械能，驱动车辆前进或者后退。

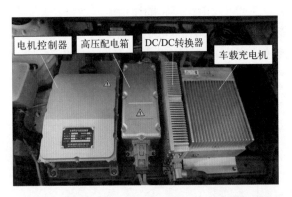

图 1.28 北汽新能源 EV200 前机舱分体式高压部件组成

图 1.29 比亚迪 e5 前机舱集成式高压控制器（PEU）组成

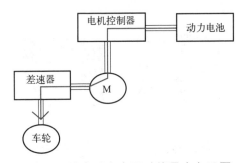

图 1.30 纯电动汽车驱动能量走向示图

电机的转速可到上万转，所以电机直接连接差 / 减速器驱动车轮，不需要像发动机那样用变速器进行转速的转换。电机低速时转矩较大，但是电机在高速时，由于电机本身发电特性阻碍了电机的转速增加，所以在高速旋转时电机的转矩减小。

图 1.31 为纯电动汽车减速能量回收走向示图。当车辆处于减速或者制动时，由于电机可以驱动，也可以发电，车轮的能量传递到差 / 减速器，传到电机这里将机械能转换为电能传向电机控制器（电机发电此时为交流电），电机控制器将电机的交流电进行整流稳压后向动力电池进行输送，动力电池进行充电。但是在动力电池 SOC 高于 90% 时，或者用户关闭能量回收功能时，电机不发电，同时动力电池也不充电，不进行能量回收。

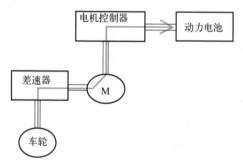

图 1.31　纯电动汽车减速能量回收走向示图

## 1.8　新能源汽车仪表故障指示灯含义

新能源汽车是对传统燃油汽车的全新的动力能源改革，那么很多系统也会改变，如仪表的故障指示灯，其在燃油车的基础上增加了多个系统的故障指示灯，基本上取消了发动机的故障灯。新能源汽车仪表故障指示灯含义如下：

整车系统故障

高压切断(旧)

动力电池需充电(旧)

功率受限

高压切断(新)

动力电池需充电(新)

能量回收功能关闭

能量回收2级

动力电池故障(新)

电机系统故障(新)

电机系统故障(旧)

电机过热

动力电池故障(旧)

高压绝缘故障(1)

高压漏电故障(2)

高压绝缘故障(3)

动力电池过热(旧)

充电连接

低压12V未充电

远程终端故障

动力电池过热(新)

车辆放电

电机冷却液过热

车辆准备就绪

（1）整车系统故障指示灯

只要出现和动力系统有关或者与通信系统有关的故障，该灯点亮。比如出现电机系统故障、动力电池故障、传感器故障、散热系统故障、绝缘故障等相关的问题，整车系统故障指示灯点亮。

（2）高压切断指示灯

① 高压切断指示灯也叫动力切断指示灯。它在打开钥匙没有启动时也会点亮，但不代表动力电池系统有故障，在没有得到驾驶员的启动指令时，动力电池内部的电源不向外输出。当驾驶员启动时，该灯熄灭。

② 在动力电池系统有故障时，或者电机系统有故障或其他故障时，该灯点亮，此时动力电池电源不允许输出，需要进行维修。

（3）动力电池需充电指示灯

① 带"旧"字的为早期车辆的仪表指示灯，在 2018 年初时，各个厂家对指示灯进行升级，所以就变成了带"新"的指示灯。 该指示灯在动力电池电量低时会点亮，提醒驾驶员及时对车辆进行充电。

② 带"旧"字的在有的车型上也作为"正在充电指示灯"使用。

（4）功率受限指示灯

① 该指示灯像一只乌龟一样，代表的意思就是和乌龟的速度一样。在动力电池有故障或者电机系统有故障时亮起，故障等级为一般故障，车辆仍然可以行驶，但是功率受限制，车速受限制，会出现加速无力的现象。

② 在动力电池电量低时该故障灯也会点亮，限制动力电池的输出，保护电池低电量，延长电池寿命，提醒驾驶员须尽快充电。充电结束后，该故障灯会自动消失。

③ 常见问题故障为动力电池故障、加速踏板传感器故障、电机温度过高、绝缘过低故障。

（5）能量回收关闭指示灯 / 能量回收 2 级指示灯

① 能量回收是指当车辆在制动或者滑行的过程中，车轮的能量传递到电机，电机被带动发电，向动力电池进行充电，动力电池的能量得到补充，这个电机发电向动力电池充电的过程就称为"能量回收"。

② 能量回收可以增加车辆的续航里程，但是驾驶时会感觉车辆在制动。该功能可人为关闭，驾驶员不需要能量回收时可以在中控多媒体屏幕上设置，或者有专门的按键进行设置以切换回收等级。

③ 当电机系统出现故障，或者动力电池出现故障时，能量回收功能会自动关闭，并自动点亮指示灯。一般常见故障为动力电池故障。

（6）动力电池故障指示灯

① 动力电池故障指示灯有两种显示形式，一种是"旧"，2018 年以前的车型基本使用这种灯显示，2018 年以后的车型使用"新"的指示灯。2018 年以后的车型将动力电池温度故障灯和绝缘故障灯基本都用"新"故障灯表示，同时取消了绝缘故障灯和动力电池温度故障灯。当然，这里指的不是所有车型，是部分车型。

② 该故障灯点亮表明动力电池系统出现故障，如动力电池单体温度采集故障、单体电压采集故障、高压接触器故障、绝缘值过低故障、电池采集模块 BIC 故障、单体电压差过大故障、动力电池温度过高故障、高压互锁故障、动力电池与外部模块通信故障等。

③ 常见问题故障为动力电池单体电压差过大、电池温度过高、电池单体温度采集故障、高压互锁故障、绝缘故障等。

（7）电机系统故障指示灯

① 电机系统故障指示灯基本使用带"新"的表示，部分车型用"旧"的表示，如奇瑞新能源汽车。有的车型将电机温度过高的故障指示灯集成在电机系统故障灯里，也就是说，即使电机温度过高了，也用系统故障灯表示。

② 当电机系统出现故障时，如电机 IGBT 故障、IGBT 温度过高故障、电机三相缺相故障、旋变传感器故障、电机温度过高、电机控制器内部故障、电机控制器与其他模块失去通信故障等，都会点亮故障灯。

③ 常见问题故障为电机温度过高、旋变传感器接触不良、IGBT 故障。

（8）电机过热指示灯

① 该灯表示驱动电机三相定子温度过高、驱动电机温度过高。

② 常见问题故障为电子水泵故障、旋变传感器插头接触不良故障。

（9）高压绝缘故障 / 高压漏电故障指示灯

① 上面故障灯 1、2、3 都是绝缘故障指示灯，只是厂家不同、故障灯的表示形式不同。2018 年以后的车型部分改用"动力电池故障指示灯"表示绝缘故障，取消了绝缘故障指示灯。

② 当此灯点亮时，表示动力电池包的高压电与车身相连，驾驶员和乘客有触电风险，有的车型出现绝缘故障时车辆会立刻断电，车辆停止运行，提醒故障需要维修。部分车型出现故障时，只是提醒点亮故障灯，降低功率，车辆可以继续行驶。厂家不同，设计也不同。

③ 常见问题故障为压缩机绝缘故障、动力电池包漏液故障、高压插头进水故障、动力电池进水故障。

（10）动力电池过热指示灯

① 动力电池过热指示灯指动力电池单体温度超过 45℃。厂家的设定不同，温度故障显示的形式也不同，有的厂家设定在 40℃，但所表示的意思相同，就是电池的温度过高时，故障灯都会点亮。

② 常见问题故障为电池采集模块 BIC 故障、放电和充电电流过大、电池采集排线故障、电子水泵故障。

（11）充电连接指示灯

充电指示灯只是表示慢充或者快充插枪时连接到位、充电枪已插好，不作故障指示用途。

（12）低压 12V 未充电指示灯

① 低压 12V 未充电故障灯也叫 DC/DC 故障灯，此故障灯点亮表示低压蓄电池 12V 没有充电。

② 常见问题故障为 DC/DC 高压保险熔断、DC/DC 内部损坏。

（13）远程终端故障指示灯

RVM 表示车辆的远程终端监控模块有故障，部分车型也会用 T-BOX 故障灯，有的车型甚至不显示故障。

（14）车辆放电指示灯

是车辆对外放电的指示灯，不是故障灯，只是表示车辆正在对外输出 220V 交流电，通过车辆的慢充口进行放电。

（15）电机冷却液过热指示灯

① 该故障灯现在的车型很少使用，大部分车型用电机系统故障灯表示。部分车型使用该灯表示驱动电机和电机控制器的冷却液温度过高。

② 常见问题故障为电子水泵故障、冷却液温度传感器故障。

（16）车辆准备就绪指示灯

该指示灯表示车辆准备就绪，可以挂挡行驶。

# 第2章

# 新能源汽车高压安全操作规范

 **高压安全标识与电流危害**

　　25V以上的交流电、60V以上的直流电都具有危险性。有大约5mA的电流通过人体时，就可视作"电气事故"，会产生麻木感，但仍可以导走电流；体内通过的电流达到大约10mA时，到达了导出电流的极限，人体开始收缩，无法再导走电流。电流的滞留时间也相应增加，经过人体的电流达到100～200mA时，通常就是致命的。如图2.1、图2.2所示，电流为720mA已是致命电流。

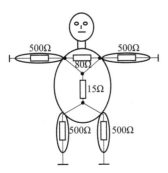

图2.1　人体约电阻值

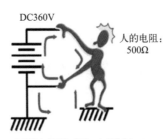

360V÷500Ω=720mA（致命）

图2.2　触摸电压与电流（致命）

新能源汽车上的高压系统全部是橙色线束，在维修高压系统部件时要戴好绝缘手套，做好自身防护。新能源高压控制器都带有"高压危险"标识（图2.3），在车辆启动或工作时，禁止人员触摸。禁止在带电情况下拔取插头和拆卸维修。

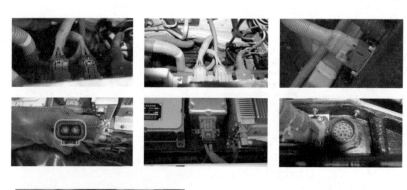

图2.3　新能源高压控制器/线束示意图

## 2.2　新能源汽车标准施工场地

新能源汽车标准维修安全工位如图2.4所示，具体要求如下：

① 操作应在人员和环境均干燥的情况下进行，需在特定的房间或围起来的特定区域进行。地表须安放绝缘地毯。

② 在装配或调试时，须放置"高压危险、禁止触摸"等类似提醒标牌。

③ 在指定区域放置灭火器、"请勿靠近"标识、安全维修操作制度表。

④ 只有经过高压安全培训的人员，才能进行电动车的相关操作或调试。

⑤ 操作前，维修人员须检查安全设施或工具是否完好，确认完好后再操作。

⑥ 操作员进行操作时，首先应检查车辆情况，尤其是高压部件的情况，确认完好后再进行工作。

⑦ 高压操作时，保证至少两人在场，一个人操作，一个人保持一定距离观察，以防止发生安全事故时无人急救，同时起到安全提醒的作用。

图 2.4　新能源汽车标准维修安全工位

## 2.3　新能源汽车维修绝缘工具

（1）绝缘工具

绝缘工具如图 2.5 所示。普通无绝缘特性工具不能用于高压拆卸维修。绝缘工具外表包裹一层绝缘特殊材料，可防止突发情况对维修人员带来伤害。

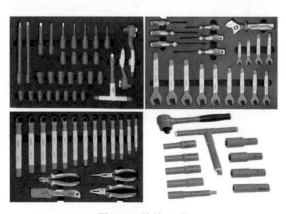

图 2.5　绝缘工具

（2）绝缘表

绝缘表如图 2.6 所示。在高压系统出现绝缘漏电故障时，需要用绝缘表对车辆高压系统部件和动力电池进行绝缘测试，可以快速判断故障和检测高压用电器状态。

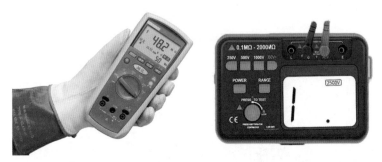

图 2.6　绝缘表

（3）动力电池举升车

动力电池举升车如图 2.7 所示，在需要拆卸动力电池维修时，需要用到此维修台。

（4）动力电池修复仪 / 均衡仪 / 容量测试仪

动力电池修复仪 / 均衡仪 / 容量测试仪如图 2.8 所示，维修动力电池压差故障或者新更换电池、测量动力电池单体容量时，需要使用此设备。

图 2.7　动力电池举升车

图 2.8　动力电池修复仪 / 均衡仪 / 容量测试仪

（5）新能源专用诊断电脑（图 2.9）

（6）高精度万用表

万用表如图 2.10 所示。测量线路、电压、电阻、电流、传感器、执行器、动力电池单体等，都需要使用万用表，建议使用高精度万用表。

图 2.9　新能源专用诊断电脑

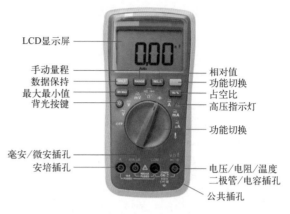

LCD显示屏

手动量程
数据保持
最大最小值
背光按键

相对值
功能切换
占空比
高压指示灯

功能切换

毫安/微安插孔
安培插孔

电压/电阻/温度
二极管/电容插孔

公共插孔

图 2.10　万用表

以上为新能源汽车维修时使用的基本配置设备。

## 2.4　新能源维修高压安全个人防护用品

在维修新能源汽车高压系统时，除了需要特殊的绝缘工具和警示标识，还要有维修人员的个人防护用具。绝缘安全用具是防止维修人员接触到高压电源的安全用具，维修高压系统时必须穿戴和齐备，具体如下。

（1）绝缘手套

绝缘手套如图 2.11 所示，是维修高压电系统必须穿戴的用具。禁止不戴手套维修高压电和拔取高压插头。使用前必须检测绝缘手套是否有破损、有孔洞、漏气、潮湿等，每半年进行一次绝缘性测试，不合格则更换。

（2）绝缘鞋

绝缘鞋如图 2.12 所示，使维修人员与地面绝缘。使用前检测是否有破损、老化、进水、潮湿、孔洞等损坏，有损坏禁止使用。每年进行一次绝缘检测，不合格则更换。

图 2.11　绝缘手套

图 2.12　绝缘鞋

（3）护目镜

护目镜如图 2.13 所示，用于保护在特殊意外情况下电火花对眼睛带来的伤害。使用前，检测镜片是否花镜、破损，张紧带是否老化。

图 2.13　护目镜

（4）绝缘服

绝缘服如图 2.14 所示，又叫高压屏蔽服，也叫带电工作服，不仅可以防止高压电，还能起到阻燃、防酸等作用。维修高压系统部件时，必须穿戴绝缘服。使用前，必须检查绝缘服是否完好，如有破损破裂则禁止使用。每次维修完，及时清理污垢，保持绝缘服干净整洁。绝缘服每半年进行绝缘检测一次，不合格则更换。

（5）安全帽

安全帽如图 2.15 所示，保证在拆卸维修时减小磕碰和掉落带来的伤害。使用前检查是否有裂纹、破损，穿戴扣子、凹陷等组件是否完好，每次穿戴后及时清理污垢，保持干净整洁。

图 2.14　绝缘服

绝缘手套、绝缘鞋、护目镜、绝缘服、安全帽是在维修新能源汽车时必须要穿戴的防护用具，以保证在维修高压系统时的人身安全。维修高压电系统和动力电池包时，应两人进行操作，一人维修，一人安全监护。要把安全放到第一位。

图 2.15　安全帽

## 2.5　新能源汽车高压电下安全操作方法流程

维修新能源汽车时一定要把"安全第一，预防为主"贯彻到每个人身上。新能源汽车高压电系统在上电 READY 情况下禁止拔插头和维修，必须遵守高压安全操作规程。维修前必须穿戴安全防护用品，同时完成以下措施。

（1）关闭点火开关（图 2.16）

关闭点火开关，让车辆所有控制模块进入关闭状态，模块进入休眠状态。

注：部分车型关闭点火开关后，车辆动力电池主正主负极接触仍不断开，要等待约 1 分钟才断开。

（2）断开低压蓄电池负极（图 2.17）

车辆高压系统都是由低压电 12V 模块来进行控制的，断开低压蓄电池供电后高压系统就无法工作（在车辆特殊故障情况下除外）。维修高压系统部件和拆卸部件时，必须断开低压蓄电池负极。

图 2.16　点火开关

图 2.17　低压蓄电池负极

（3）断开高压维修开关（图 2.18）

① 维修开关（MSD）在动力电池组中起到串联的作用，断开维修开关就等于将动力电池包内部的电池组一分为二，动力电池包电源没有"回路"就无法继续输出电源，起到保护和安全作用。

② 维修开关也是熔断器，当动力电池包电流输出过大时，熔断器就熔断，起到保护动力电池组作用。

③ 现在有的厂家没有将维修开关装在动力电池包外部，而是集成在了动力电池包内部作熔断器使用。

图 2.18　维修开关

（4）等待 15 分钟（图 2.19）

拆卸维修开关（MSD）后等待 15 分钟以上。因为车辆刚刚下电时，电机控制器及其他控制器内部还存有高压电荷，需要等待高压电荷放电结束后进行验电测试。如验电仍有高压电源则需要继续等待控制器放电，直到验电无高压电源时，戴好绝缘手套和个人防护用品后方可继续拆卸和维修。

（5）高压验电（图 2.20）

等待 15 分钟后，戴好绝缘用具，将高压插头拔下，使用验电器或者万用表测量高压线束，看看是否还存在高压电，如有电继续等待，如没有电方可进行维修操作。

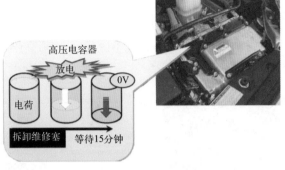

图 2.19　等待 15 分钟

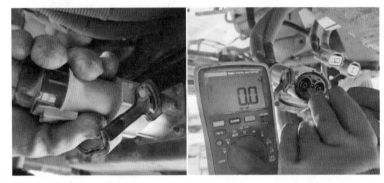

图 2.20　高压验电

## 2.6　各车型维修开关（MSD）安装位置

① 比亚迪 e5 新能源维修开关位置在中央扶手箱下方（图 2.21）。

(a) 车辆外观示意图　　　　　　　　(b) 维修开关位置示意图

图 2.21　比亚迪 e5 新能源维修开关位置

② 比亚迪 F3DM 混合动力维修开关位置在后备厢（图 2.22）。

(a) 车辆外观示意图　　　　　　　　(b) 维修插头位置示意图

图 2.22　比亚迪 F3DM 混合动力维修开关位置

③ 奔驰 EQC 400 4MATIC 新能源纯电动"维修插头"在前机舱右减振包处（图 2.23）。

(a) 车辆外观示意图　　　　　　　　(b) 维修插头位置示意图

图 2.23　奔驰 EQC 400 4MATIC 新能源纯电动维修插头位置

④ 上汽荣威 ERX5 纯电动"维修开关"在左后排下方（图 2.24）。

(a) 车辆外观示意图　　　　　　　　(b) 维修开关位置示意图

图 2.24　上汽荣威 ERX5 纯电动维修开关位置

⑤ 特斯拉 Model X "维修插头" 在前备厢雨刮下方（图 2.25）。

(a) 车辆外观示意图　　　　　　(b) 维修插头位置示意图

图 2.25　特斯拉 Model X 维修插头位置

总结：车型不一样，设计的类型也不一样，维修开关有设计为硬件式，有设计为软件式。维修开关是实际性的断电方式，软件式是将维修插头的信号给到控制器，控制器再来强制下电控制。中低端车型基本为维修开关式，高端车型为维修插头式。目前，很多车型没有设计实际的维修开关和插头。

# 第3章

# 新能源动力电池内部组成与控制系统

## 3.1 动力电池包配置参数说明

电池包铭牌标明电池组整体信息，如汽车的车架号一样。标注动力电池电压、容量、最大支持电流、电池类型、生产日期、生产厂家等信息。如图 3.1 所示，动力电池包总标称电压为 316.8V，是动力电池串联总电压。电池总容量为 174Ah，即单体电池容量 174Ah。磷酸铁锂标称电压为 3.2V，三元锂标称电压为 3.65V。磷酸铁锂电池充电截止电压为 3.65V。三元锂电池充电截止电压为 4.2V。动力电池组示意见图 3.2。

图 3.1 某动力电池铭牌信息

图 3.2 动力电池组示意图

动力电池度数计算方式：
$$174Ah \times 316.8V \div 1000 = 55.1232 度$$
动力电池组总压串联计算方式：
$$316.8V \div 3.2V = 99 个电池单体组成$$
动力电池最大允许电流计算方式：
$$174Ah \times 2C 倍率 = 348A$$
动力电池组最高电压计算方式：
$$3.65V \times 99 个单体 = 361.35V$$

## 3.2 动力电池包内部组成

（1）电芯 / 电池模组（图 3.3）

（2）电池管理器（BMS）（图 3.4）

图 3.3 电芯 / 电池模组示意图

图 3.4 电池管理器

（3）电池信息采集器（BIC）（图 3.5）

图 3.5 电池信息采集器

（4）维修塞（MSD/熔断器）（图3.6）

(a) 内部熔断器(MSD)

(b) 外部熔断器(MSD)

图 3.6　熔断器

（5）高压接触器控制盒（PRA）（图3.7）

（6）动力连接软线（图3.8）

图 3.7　高压接触器控制盒

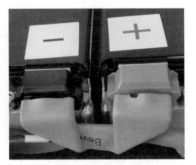

图 3.8　动力连接软线

（7）电流传感器（C/S）（图3.9）

(a) 霍尔式电流互感器(C/S)

(b) 分流器(C/S)

图 3.9　电流传感器

（8）低压连接线束/采集线束（图3.10）

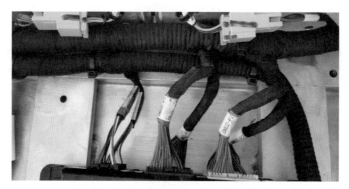

图 3.10　低压连接线束/采集线束

（9）动力电池加热垫/片（图3.11）

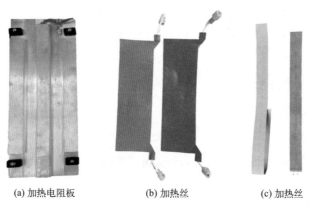

(a) 加热电阻板　　　　(b) 加热丝　　　　(c) 加热丝

图 3.11　动力电池加热垫/片

（10）动力电池散热冷却管路/板路（图3.12）

图 3.12　动力电池底部冷却板

（11）动力电池采集排线（图3.13）

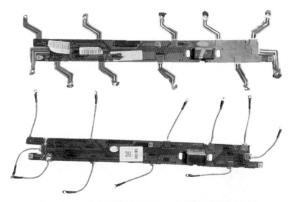

图 3.13　电池模组原装 / 改进版采集排线

## 3.3　动力电池电芯与模组组成

目前市面上的新能源汽车电池外形可分为三类，基本为18650圆柱形电芯、软包电芯、方形铝壳电芯，如图3.14所示。

(a) 18650圆柱形电芯　　　　(b) 软包电芯　　　　(c) 方形铝壳电芯

图 3.14　电池电芯

（1）18650圆柱形电芯

18650只是电池的尺寸型号，电池直径18mm、长65mm，0表示圆柱体，具有防爆安全阀等附件。根据电池材料还可分为锂离子18650、磷酸铁锂18650、镍氢18650、钴酸18650电池等类型。常见的18650电池是锂离子电池。18650电池内部结构见图3.15。

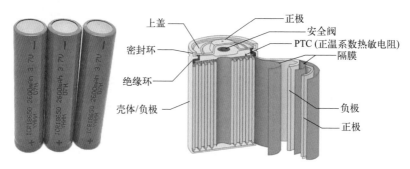

图 3.15　18650 电池内部结构

如 18650 电芯一个电芯的容量为 2600mAh，那么 10 个电芯并联总容量就是 26000mAh，30 个电芯并联总容量就是 78000mAh，单位换算就是 78Ah 容量电芯。新能源汽车的 18650 型电芯就是并联而成，如猎豹、东风小康、东风俊风、舒驰、江淮、众泰、奇瑞、力帆、特斯拉等车型都是使用 18650 型电池。18650 电池并联实物图见图 3.16。

图 3.16　18650 电池并联实物图

（2）软包电芯

软包电芯具有重量轻、容量大、内阻小、安全性能好等特点。软包电芯液态锂离子电池有一层聚合物外壳，封口工艺较难。当软包电芯发生热管理失控或被穿刺和严重挤压时，其柔软材料会为软包电芯提供缓冲空间，发生膨胀变形，最终会着火或冒烟，但不会发生爆炸。因此，软包电芯使用广泛。但其缺点是容易漏液造成绝缘故障，必须更换电芯才能解决问题。软包电芯组成结构见图 3.17。

软包电池由于能量密度大和安全特性好而被厂家广泛采用。一般软包电芯在新能源汽车使用中分为单个软包电芯工作和多个软包电芯并联工作两种状态，如车辆要求电芯容量为 30Ah，那么一个软包电池的容量基本就可以达到条件，进行一个电芯串联就可以完成。但如果车辆要求电芯容量为 120Ah，这时就需要 4 个电芯进行并联才能够达到容量标准，因此很多厂家的电芯都是进行并联，电芯并联可以增加容量和延长电芯使用寿命，使每个电芯工作电流减小。瑞驰、雪佛兰沃蓝达、奇瑞、北汽、东风小康、东风、陕汽通家、开瑞、吉利、众泰等车型都使用软包电芯。软包电芯组成焊接实物图如图3.18所示。

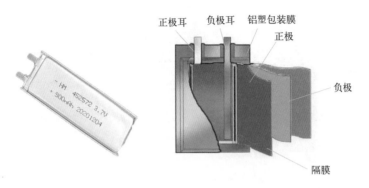

图3.17 软包电芯内部结构组成图

图3.18 软包电芯组成焊接实物图

（3）方形铝壳/钢壳电芯

方形电芯通常是指铝壳或钢壳方形电池，内部采用卷绕式或叠片式工艺，使用OSD过充保护装置。主要组成部件包括顶盖、壳体、正极、负极、隔膜、绝缘件、防爆阀等。方形电池具有可靠性较高、相对重量轻、结构简单、单体容量大、易扩容等优点。方形铝壳/钢壳电芯组成结构见图3.19。

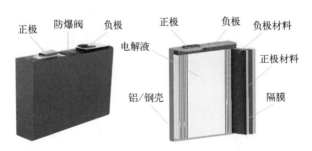

图3.19 方形铝壳/钢壳电芯内部组成图

钢壳电芯由于重量大使用较少，方形铝壳电芯采用较多。方形铝壳电芯主要配置磷酸铁锂材料电芯，也有较少三元锂材料电芯，目前厂家多使用方形铝壳磷酸铁锂电芯作为动力电源。方形铝壳电池焊接实物图如图 3.20 所示。

图 3.20 方形铝壳电池焊接实物图

## 3.4 电池单体恶劣测试实验

无论是新能源汽车的电池还是其他电池，都存在自燃和爆炸的风险。所以制造厂家都要考虑"安全"的问题。例如，国内比亚迪厂家自身制造电池，在新能源电池方面既自己使用也供给其他厂商，对电池的安全要求较高。

比亚迪电池极端条件测试如图 3.21 所示。

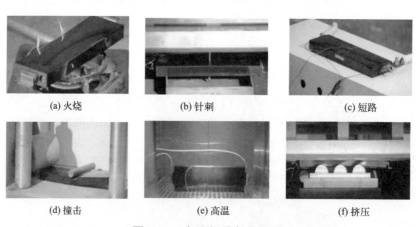

(a) 火烧　　　　　　　(b) 针刺　　　　　　　(c) 短路

(d) 撞击　　　　　　　(e) 高温　　　　　　　(f) 挤压

图 3.21 电池极端条件测试

电池极端条件测试包括火烧、针刺、短路、撞击、高温、挤压、过充电、电池包整体密封性泡水测试等。厂家除了对动力电池的安全性有较高要求之外，同时对动力电池的稳定性、一致性、使用寿命等都有很高的要求。

## 3.5 电流传感器工作原理

新能源汽车的仪表会显示当前动力电池的电流情况，会有放电和充电两种状态，这些显示的电流数据通过电池包内部的电流传感器来进行检测。同时，在电机控制器内部也有电流传感器来检测电机 U、V、W 三相的电流。这些电流通过解码仪数据流可以读出。目前应用最广泛的电流传感器是霍尔式电流传感器和分流式电流传感器两种。

（1）分流式电流传感器（图 3.22）

工作原理（图 3.23）：电池组电流流过负载灯泡、流过分流器然后回到电池组负极，此时灯泡点亮，有电流流过。分流器电阻很小，只有几毫欧，不会影响灯泡的亮度和工作。由于分流器有电阻，那么电流流过时两端会产生电压。电压的大小和电流的大小成正比，电流越大电压越大，电流越小电压就越小。分流器的检测部分是在电池管理器电脑内部，其中，运算放大器会将电压信号进行对比后输出到 CPU 中央处理器，CPU 进行计算后就可以算出当前的电流。

图 3.22　分流式电流传感器实物图

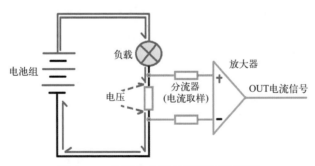

图 3.23　分流式电流传感器工作原理

分流式电流传感器工作过程分为三级：第一级为信号采集，第二级为信号调理滤波，第三级为信号转换和计算。

分流式电流传感器检测方法：使用万用表电阻挡位或蜂鸣挡位测量分流器两

端是否导通，如导通即为正常，不导通或电阻很大即为损坏（一般分流式电流不会损坏）。

（2）霍尔式电流传感器

霍尔效应的发现人是美国物理学家埃德温·赫伯特·霍尔（Edwin Herbert Hall），故命名为"霍尔效应"。霍尔效应是电磁感应原理的一种。目前，霍尔电流传感器常见有三线和四线两种。

霍尔式电流传感器实物图如图 3.24 所示，工作原理如图 3.25 所示。

图 3.24　霍尔式电流传感器实物图

① 三线霍尔式传感器为电源 +5V、OUT 信号输出、负极接地。霍尔式电流传感器是套在线路当中的。线路中的电流正向流动时（绿色箭头），产生微量磁场，霍尔传感器的磁环会将磁场进行集中，霍尔元件感应到磁场，内部电子流动方向改变，从而产生电压，电压的大小随线路中的磁场大小变化而变化。霍尔元件产生的电压被运算放大器检测到，从而将电压信号转换为基准信号输出到电脑板。

② 在没有磁场变化、没有电流的时候"OUT 信号输出"电压为 2.5V，当电流正向流动时，电压上升，电流越大电压信号就越大。当电流反向流过时（橙色箭头），信号电压下降。

③ 四线霍尔式电流传感器分别为 +15V、-15V 供电，OUT 为电流传感器信号输入，V- 为电流传感器接地（图 3.26）。当电流传感器没有检测到电流时，信号电压为 0V，当正向电流流过时信号电压上升，电流反向流动时信号电压为负电压。

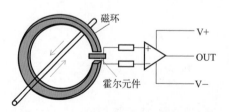

图 3.25　霍尔式电流传感器工作原理图

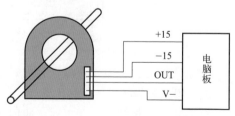

图 3.26　四线霍尔电流传感器

## 3.6　PRA 高压接触器控制盒内部结构

　　电动汽车动力电池在车辆没有启动或有故障的情况下，动力电池内部的高压电源是不向外部高压用电器供电的，如压缩机、电机控制器、暖风加热器等。那么动力电池是如何控制电源的输出的呢？就是通过 PRA 接触器控制盒来实现，实物图如图 3.27 ～图 3.29 所示。

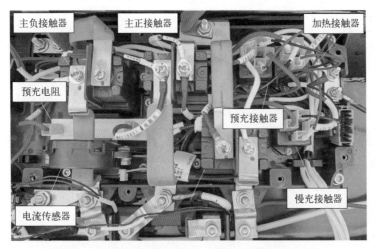

图 3.27　开瑞优优动力电池上接触器控制盒实物图

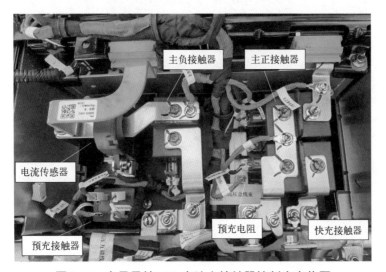

图 3.28　东风风神 E70 电池上接触器控制盒实物图

041

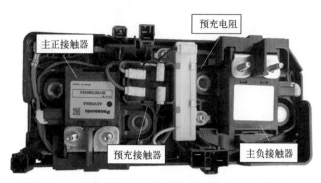

图 3.29　东风日产轩逸电池上接触器控制盒实物图

接触器控制盒内部由主正接触器、主负接触器、预充接触器、预充电阻、快充接触器、慢充接触器、电池加热接触器、电流传感器等组成。厂家不同，接触器控制盒内部组件也不同。

## 3.7　PRA控制盒上电故障监测机理（报故障码依据条件）

接触器控制原理如图 3.30 所示。

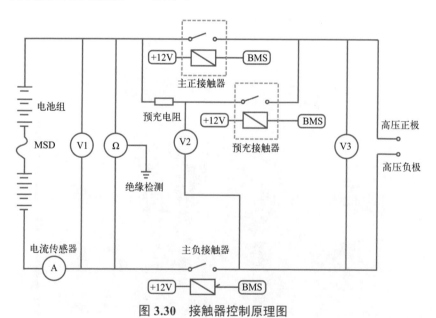

图 3.30　接触器控制原理图

（1）动力电池上电原理

第一步：车辆钥匙打开，BMS 电池管理器进行故障自检等其他功能。

第二步：通过 V1 检测动力电池是否有电压，无电压报故障码，有电压往下执行。

第三步：检测动力电池是否存在绝缘漏电故障，有则报故障码，无故障往下执行。

第四步：闭合主负接触器，如果 V2 不能检测到电压，则报故障码，有电压往下执行。

第五步：闭合预充接触器，如果 V3 不能在规定的时间爬升到指定电压值，报故障码，如规定时间内完成指定电压值则往下执行。

第六步：闭合主正接触器，如果 V3 不能保持动力电池电源电压，报故障码，V3 保持动力电池电源电压，则上电完成。

（2）上电失败故障监测原理

① 接触器原理图中有动力电池组、MSD 维修开关、电流传感器、V1 电压检测点、动力电池绝缘检测点、主正接触器、主负接触器、预充接触器、预充电阻、V2 电压检测点、V3 电压检测点。所有动力电池输出控制接触器都必须具备这些组件（低速车型、早期车型、特殊车型除外）。

② 维修开关故障（图 3.31）监测原理：V1 电压检测点位于主正接触器和主负接触器内侧，作用是检测动力电池总电压，同时也用于判断维修开关 MSD 是否熔断。如程序设定为 V1 电压高于 100V 时，则"维修开关 MSD 没有熔断"，当"维修开关 MSD 熔断"时 V1 电压就会低于 100V，BMS 电池管理器就报故障码"MSD 熔断故障、维修开关熔断故障"。

| NO. | 故障编号 | 故障码内容 | 故障码状态 |
|-----|---------|-----------|-----------|
| 1 | Q P1E2500 | 手动维修开关(MSD)未安装 | 偶发 |

图 3.31　手动维修开关未安装

③ V2 电压检测点一侧位于主负接触器外，一侧位于预充电阻和预充接触器之间，作用是检测主负接触器是否粘连（图 3.32）和损坏、预充接触器是否粘连、预充电阻是否断路和短路、预充接触器是否损坏。

● 主负接触器粘连故障监测原理：当 BMS 电池管理器在没有控制主负接触器吸合时，如果此时 V2 电压检测点有电压，则电池管理器判定"主负接触器粘连"，因为正常情况是电池管理器控制之后 V2 才有电压，没有控制时 V2 就有电压则判定"主负接触器粘连故障"。

| NO. | 故障编号 | 故障码内容 | 故障码状态 |
|-----|---------|-----------|-----------|
| 2 | P153A01 | 高压负极接触器粘连 | |

图 3.32　高压负极接触器粘连

● 主负接触器断路故障监测原理：当 BMS 电池管理器控制主负继电器吸合时，如此时 V2 电压监测点没有电压，电池管理器没有收到 V2 电压时，则判定"主负接触器断路故障"。

● 主负接触器控制故障监测原理：如接触器线圈断路或线路断路，则判定为"主负接触器控制故障"。因为主负接触器控制线圈在正常情况下有 12V 的电压到达 BMS 电池管理器，电池管理器收到该电压时，判定正常。如没有收到控制电压，则判定"主负接触器控制故障"。

● 预充电阻断路故障监测原理：在 BMS 电池管理器控制主负接触器吸合后，V2 电压正常监测到的电压值为动力电池电压。如主负接触器吸合后 V2 没有电压值，则 BMS 电池管理器判定为"预充电阻断路故障"。

● 预充接触器断路故障监测原理：在电池管理器正常吸合负极接触器、吸合预充接触器时，V2 的电压会瞬间低至 0V 左右，随后 V2 电压值开始慢慢爬升。如果吸合预充接触器后 V2 电压值没有降低到 0V 左右，也没有慢慢爬升，则 BMS 电池管理器判定"预充接触器断路故障"。

● 预充接触器粘连故障监测原理：BMS 电池管理器闭合主负接触器时，V2 电压值为正常动力电池电压。如闭合主负接触器且没有控制预充接触器吸合，V2 电压值就降低到 0V 左右，则 BMS 电池管理器判定"预充接触器粘连故障"。

④ 预充失败、预充超时故障监测原理：在电机控制器内部有高压存储电容，其他高压控制器内部也有存储电容，当预充接触器接触后电流流入超级电容，电容在通电瞬间为短路状态，随后电容开始充电，V2 电压也慢慢上升，上升到电池电压 90% 左右，吸合主正接触器，完成上电。

当 BMS 电池管理器设定预充接触器吸合后 500ms 内 V2 电压上升到动力电池电压 90% 时，如动力电池电压为 100V，500ms 内 V2 电压要上升到 90V 才为正常。当预充接触器吸合后 500ms 内 V2 电压没有到达 90V，那么 BMS 电池管理器就会报"预充失败""预充超时"故障（图 3.33）。设置本程序、本故障的目的是使动力电池电源可以安全输出与使用。预充电压过低证明外围高压控制器故障或电源短路。图 3.34 中橙色线路为预充时电流流向。

⑤ 主正接触器粘连故障（图 3.35）监测原理：V3 电压检测点在主负接触器和主正接触器吸合之后监测输出电压值。当负极接触器吸合，由于预充接触器和主

正接触器没有吸合，V3 电压为 0V。只有在预充接触器和主正接触器吸合后 V3 才有电压值。如 BMS 电池管理器刚刚闭合时主负接触器 V3 就有动力电池电压值，那么 BMS 电池管理器就判定"主正接触器粘连故障"。

| NO. | 故障编号 | 故障码内容 | 故障码状态 |
|---|---|---|---|
| 4 | 🔍 P1A3400 | 预充失败故障 | |
| 5 | 🔍 P3016 | 预充超时故障 | |

图 3.33　预充失败、预充超时故障

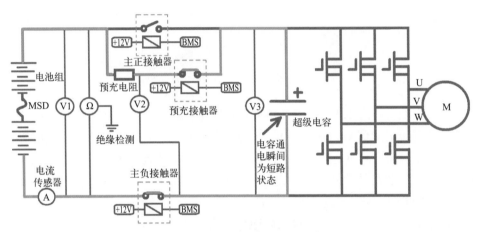

图 3.34　上电预充时电流向

| NO. | 故障编号 | 故障码内容 | 故障码状态 |
|---|---|---|---|
| 1 | 🔍 P101F03 | 主正继电器粘连故障 | |

图 3.35　主正继电器粘连故障

⑥ 主正接触器断路故障监测原理：当动力电池控制主负接触器吸合、预充接触器吸合、主正接触器吸合后，V3 电压检测点电压应为动力电池电源电压，如指令控制主正接触器吸合时 V3 电压下降，BMS 电池管理器则判定"主正接触器断路故障"。

## 3.8　动力电池绝缘漏电监测原理

绝缘漏电监测原理如图 3.36 所示。

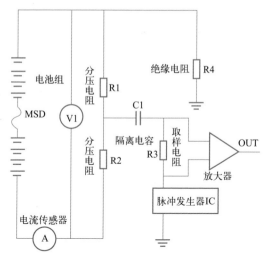

图 3.36　绝缘漏电监测原理示意图

动力电池组的高压正极和高压负极若直接连接到车身的，会对人员造成伤害，因此设计高压绝缘监测。原理为用电阻分压来进行监测。R1 和 R2 为动力电池的正负极分压电阻，隔离电容防止持续漏电，漏电监测装置为 12V 低压供电，高压不能流向低压。当脉冲发生器发出脉动信号到取样电阻后，经过隔离电容 C1 到正负极分压电阻，如无绝缘漏电，则取样电阻两端电压为 0V。当有绝缘电阻出现时，绝缘电阻与分压电阻、取样电阻间有电流流动，在取样电阻两端就会产生电压，根据取样电压的大小可得绝缘电阻的大小。因此，通过分压监测和电压取样，可以得出绝缘电阻的大小。

绝缘电阻过低故障监测原理：检测高压电源是否有漏电情况。如软包电池组长时间大电流工作就会导致电池漏液，电池漏液会导致绝缘能力降低，对车辆和人员构成危险（图3.37）。在车辆启动时和启动后都会实时检测绝缘电阻（图3.38），如绝缘电阻不合格或过低时，车辆会断电，报故障码。

| NO. | 故障编号 | 故障码内容 |
|---|---|---|
| 1 | P16A692 | 绝缘阻抗低 |
| 2 | P0AA6-00 | 混合电池电压系统隔离 |
| 3 | P1A621A | 整车绝缘电阻过低 |
| 3 | P1CA100 | 严重漏电故障 |
| 4 | P1CA200 | 一般漏电故障 |

图 3.37　绝缘故障码示意图

| 读取数据流 | | |
|---|---|---|
| ☐ 63:DCDC(直流/直流转换器)模式请求 | 待命 | |
| ☐ 64:高压系统绝缘电阻值 | 10 | 千欧 |
| ☐ 65:高压电池SOC | 30 | % |
| ☐ 66:电池管理模块(BMS)运行状态 | 行驶准备就绪 | |
| ☐ 67:高压电池主继电器状态 | 全开 | |
| ☐ 68:高压互锁回路状态 | 关 | |
| ☐ 69:高压电池电压 | 348.000 | 伏 |

图 3.38　绝缘电阻数据流

## 3.9 电池管理器（BMS）作用与功能

新能源汽车动力电池组由多个电池单体并联和串联而成，多个电芯的制造材料和制作过程不同，电芯的内阻、容量、电压等存在差异。电芯在使用过程中会出现电压差、散热不均、过充、过放等不同情况的现象，长时间如此会导致电池寿命缩短、爆炸等危险情况的出现。因此，配置了电池管理模块（Battery Management System），如图 3.39 所示。电池管理模块主要对电芯的状态进行实时监测、防止电芯过度充放电，实现电芯均衡、电芯温度监测、电池组电流监测、故障报警等功能，可延长电池使用寿命、提高工作效率，进行热管理保护。

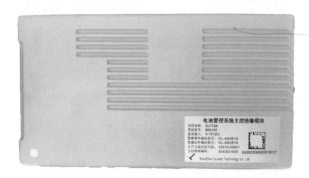

图 3.39　BMS 电池管理模块实物图

（1）电池管理器数据监测

BMS 动力电池管理器接收 BIC 电池信息采集器所采集的电芯信息以进行监控。如电池的单体压差过大故障或者温差过大等故障，都是由 BMS 电池管理器来进行监测和故障报警的。有的车型使用 BIC 采集器和 BMS 电池管理器集成一体的电路板。东风风神 E70 车型 BMS 与 BIC 一体电脑实物如图 3.40 所示。

（2）电池管理器均衡控制

动力电池组由多个电芯组成，其每个电芯工作时的状态都不一样，有强有弱，那么直接影响动力电池性能最大因素的就是"压差故障"。在电池组各个单体电芯之间都设计有均衡电路（均衡电路在 BIC 采集器内部）进行均衡控制。均衡控制是将各个电芯的充电、放电等工作情况尽量保持一致，减少压差故障发生，提高动力电池性能。

（3）动力电池 SOC 值估算

动力电池在使用中会消耗能量，动力电池管理器会计算电池组还有多少电量，把这个剩余电量用英文"State of Charge"表示，简称 SOC 值。其表示当前动力电池的电量情况，可预估动力电池的行驶里程，也可以来评估电池的健康状态，确认电池是否过充电和过放电。SOC 值根据电池的容量、充电、放电、电压、内阻、温度等信息来进行计算。其计算的方法有放电实验法、实际算法、开路电压法、负载电压法、内阻法、线性模型法、神经网络法、卡尔曼滤波法等多种估算方式，各种方式都有不同的优点和缺点。

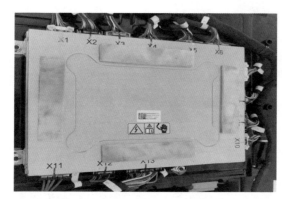

图 3.40　东风风神 E70 车型 BMS 与 BIC 一体电脑实物图

如图 3.41 所示，SOC 的仪表显示方式有多种，如指针式、进度条式、百分比式等。BMS 电池管理器通过 CAN 通信网络的方式向仪表进行发送 SOC 值，仪表显示动力电池当前剩余电量为多少。

(a) 指针式　　　　　　　(b) 进度条式　　　　　　　(c) 百分比式

图 3.41　SOC 的仪表显示方式

（4）动力电池 SOH 值估算

动力电池在长期使用的过程中，动力电池的电芯容量会下降，就和手机的电池类似，用久了电池续航能力就下降，动力电池组也是一样。BMS 电池管理器会计算电池组当前的可用容量为多少。动力电池剩余总容量用英文表示为"State of Health"，简称 SOH，用百分比表示。动力电池的容量也表示动力电池的寿命，一般 SOH 值低于 80% 时电池寿命即为终止。

（5）动力电池能量管理

动力电池的电能向外输出的控制以及对动力电池充电的控制，由动力电池管理器完成，其根据动力电池状态、电压、温度、健康度来控制输出的大小。动力电池管理器会将能量控制在动力电池的安全范围内，会自动保留 10% 的电量，不让动力电池过度放电导致电芯损坏，也不让动力电池过度充电导致电芯损坏。

（6）动力电池安全管理

实时监控动力电池的单体电压、电流、温度等是否超过正常范围，防止电芯过度充电和放电。电芯的型号不同，电池管理器的工作方式也不同。动力电池在工作过程中会进行"绝缘监测"，也叫"漏电监测"，如绝缘过低，动力电池管理器会控制高压下电，防止动力电池的电源接触到车身对人员造成伤害。

在动力电池放电过程中，电池管理器通过硬线连接方式把每个高压插头连接起来，这根硬线称为"高压互锁线"。当高压插头断开时，连接线也会断开，动力电池管理器会监测到连接线断开即为动力线外露，有触电危险存在，会控制高压电源下电，起到保护作用。

新能源汽车在行驶过程中难免会发生碰撞事故，出于安全考虑，配置了"惯性安全碰撞开关"，当发生事故时，"惯性安全碰撞开关"会断开，电池管理器监测到该信号时，会控制高压下电。有的厂家是通过安全气囊模块的信号来控制高压下电。

（7）动力电池热管理

① 热管理系统主要对动力电池的温度进行控制。动力电池组在低温情况下电芯内部的化学反应速度变慢，容量下降，对汽车的续航造成非常大的影响，所以在动力电池低温情况下会对动力电池组进行加热控制。

② 动力电池的温度也不能过高，温度过高会引发电池自燃、爆炸等危险。经常快充的新能源汽车对电池的散热要求非常高，因为在快速放电和快充电时电池升温会很快，电流越大，电芯内部产生热量越快，因此现在的车辆都配备了散热性较强的冷却系统。

（8）动力电池通信功能

现在的汽车信息的交换通常都是通过 CAN 通信总线来进行，动力电池的信息也通过 CAN 通信总线传输到外部的控制器，如动力电池的电压信息、电流信息、电量信息、温度信息等。快充充电时要通过 CAN 通信与 BMS 电池管理器进行数据的传输。

（9）动力电池管理器调试功能（人机接口）

人机接口是当动力电池管理器需要进行数据的调试或者设置时使用，如调整动力电池容量信息、SOC 值信息、SOH 值信息、绝缘监测功能的开启和关闭、充电电流的大小、电芯放电节点、电芯充电节点、接触器控制测试等。

## 3.10　BIC 电池信息采集作用

① 动力电池由多个电芯串联而成，每个电芯都有模块进行状态监测，这个模块就是电池信息采集器（Battery Information Collector，简称 BIC），也叫从板（从控模块），如图 3.42 所示，主要监测每个单体电池的电压、温度、均衡，同时也计算 SOC 值，将采集到电芯信息通过 CAN 通信网络反馈给 BMS 电池管理器。

② 一个电池包可配置多个从板（BIC）。如比亚迪秦 EV 配置五个从板采集电池的信息，电池管理器安装在电池包外部；北汽新能源 EU5 也配置五个从板采集器，电池管理器安装在电池包内部。各个厂家配置不同，但每个电池包都有这些模块。

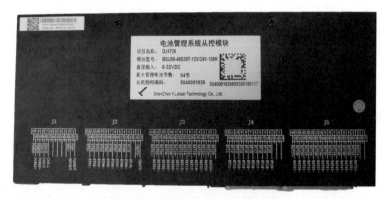

图 3.42　电池管理系统从控模块

## 3.11　动力电池均衡技术

动力电池包由多个单体电芯串联而成（如动力电池包电压 320V，电池为磷酸铁锂电芯 3.2V，那么其就由 100 个单体电芯串联组成），以达到所需要电压和功率要求。

电芯在制造过程中，由于工艺和材料的不均匀，电芯的极板厚度、微孔率、活性物质、卷质等有细微的差别，所生产出来的电池容量、内阻、电压等参数不能达到全部一致。

在新能源汽车动力电池长期使用过程中，在各个电池组的充电程度、放电程度、电解液密度、电池温度等因素影响下，各个电池的电压、内阻、容量等参数会不一致。各个电池的放电深度不同，放电电压下降也不同，各个电池衰减程度和寿命长短都会有所差距，时间一长就会出现压差故障。

压差故障意思就是，在一个电池包里面，有的电芯电压为3.8V，有的电芯电压为3.2V，压差相差太大会导致电池的寿命下降和功率的降低等。100个单体电芯里面，有一个单体电芯压差过大，就会导致整个电池组不工作，报故障码。

电芯与水桶效应如图3.43所示。动力电池压差故障就像水桶一样，动力电池存储电能，每一块单体电池就像水桶每一片木片一样。图3.43中，3号电芯板最长，就如同电压最高，1号电芯板最短，就如同电压最低，那么水桶所装的水最多到1号电芯。也就是动力电池所能用的电，按最小电池电压来计算。3号电芯电压最高，但是由于1号电芯电压已经用到截止电压，如系统设定截止电压为2.8V，那么只要有电芯的电压低于2.8V，系统就停止对外供电，保护动力电池电芯不过度放电。

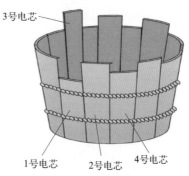

图3.43　电芯与水桶效应图

动力电池长时间使用后，由于电芯的不一致性会出现压差不均匀等现象（图3.44），导致电芯充电时间、放电时间、容量电压不一等，形成恶性循环，最终动力电池包不能正常工作。需要对动力电池单体进行"电压均衡控制"，来减少压差故障的产生，延长电池使用寿命和稳定性。

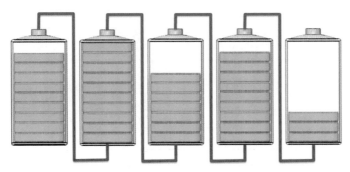

图3.44　动力电池放电单体电压不均衡图

（1）动力电池被动均衡控制技术

如图 3.45 所示，1 号电芯电压为 3.9V，2 号电芯为 3.8V，3 号电芯为 3.8V。1 号电芯的电压要高于其他电芯 0.1V，那么这个 0.1V 就是电池组的压差。此时 BMS 电池管理器监测到压差的产生和不均匀，会通过 CAN 通信的方式让 BIC 电池从板采集器"电池监测芯片"对 1 号电芯进行放电，电芯的正极经过均衡电阻、均衡控制管连接到电芯本身负极，对电芯进行放电，让压差降低到与其他电芯保持一致。

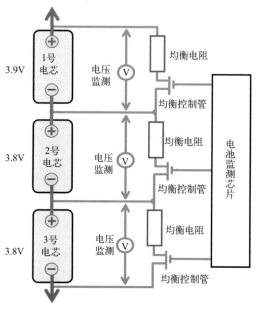

图 3.45　被动均衡电路连接图

被动均衡控制简单来说就是将高电位的电芯进行放电，是一种能量的消耗。在电芯放电时控制电芯放电，在电芯充电时控制电芯放电，使能量消耗到与其他电芯电压一致。这种电路成本较低，结构简单，因此目前被很多厂家采用。但是这种方式放电的电流较小，短时间内无法快速实现均衡控制，均衡效率低。

（2）动力电池主动均衡控制技术

如图 3.46 所示，主动均衡是将能量进行转移，将能量从电压高的单体电池转移到电压低的单体电池，或者将多个高电压的单体电池能量转移到低单体电池内。在电路中设计有存储电容，通过这个存储电容分配能量。

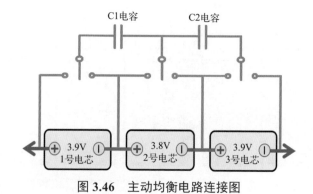

图 3.46　主动均衡电路连接图

图 3.46 中，1 号电芯电压为 3.9V，2 号电芯电压为 3.8V，3 号电芯电压为 3.9V。2 号电芯电压相对较低，此时 BIC 电池信息采集管理器就会对电子开关进行控制，将两个电子开关接通到 1 号电芯处。1 号电芯的正极经过电子开关，电流流过 C1 电容，C1 电容开始充电（如图 3.47 中绿色电流走向），C1 电池充电电压为 1 号电芯电压 3.9V。

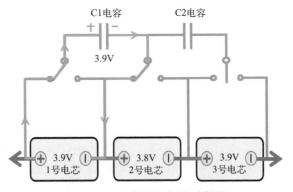

图 3.47　电容能量存储过程图

当 C1 电容充满电后，BIC 电池信息采集管理器控制两个电子开关向 2 号电芯这边接通，此时 2 号电芯电压低于 C1 电容电压，那么 C1 电容的电能就会流向 2 号电芯（如图 3.48 中蓝色电流走向）。2 号电芯得到能量补充，电压开始上升，直至电压与 1 号电芯持平，均衡控制结束。

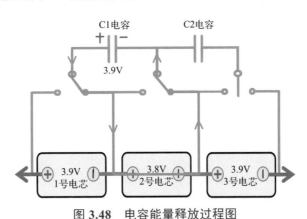

图 3.48　电容能量释放过程图

（3）动力电池充电均衡控制技术

如图 3.49 所示，充电均衡主要由分立元件组成，有电位器、R1 电阻、TL431 晶闸管、三极管、R2 电阻、发光二极管、二极管。在启动充电时，通过电位器设置均衡电压，同时也可以保护电芯不过充电，实现快速均衡、稳压保护、单节电池过充电保护，具有工作效率高、稳定性高等优点。

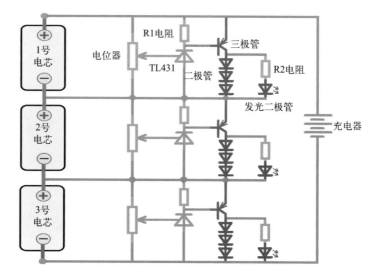

图 3.49　充电均衡电路元件连接图

　　例如，设置电芯充电截止电压为 4.0V，TL431 晶闸管控制脚为 2.5V，也就是说，TL431 控制脚电压超过 2.5V 时，阴极和阳极就会导通。通过电位器调节到 2.5V，即充电电芯截止电压。电芯的电压通过电位器向 TL431 进行参考，一旦控制脚电压达到 2.5V，TL431 开始导通，随后三极管得到偏置电压开始导通，电流流过二极管和 R2 电阻、发光二极管点亮，充电电流不经过 1 号电芯。将电流通过三极管和二极管引到 2 号电芯处，同时 1 号电芯也对均衡电路的三极管和二极管放电，反复充电和放电，保持 4.0V 电压。充电均衡示意图见图 3.50。

　　（4）动力电池并联均衡控制技术

　　并联均衡控制技术结构简单，如图 3.51 所示，电路由多个接触器构成。接触器在每个单体电池之间串联。该电路可以将动力电池全部单体电池同时进行并联控制，让所有动力电池单体电压一致。可以解决所有压差故障，延长电池寿命，均衡效率高。但是该电路也有很大缺点，其设计成本较高，对接触器要求极高，故障率较高，空间占用率高。

　　注：该均衡控制为作者设计，仅供参考。

　　如图 3.52 所示，1 号电芯电压为 4.0V，2 号电芯电压为 3.8V，3 号电芯电压为 3.8V，4 号电芯电压为 3.9V。如需要均衡时，电池管理器控制接触器向下闭合，此时所有单体电池合为一体，1 号电池由于电压较高，电流会流向 2 号、3 号、4 号电芯进行充电（如图中橙色线电流流向图），同时 4 号电芯电压高于 2 号电芯和

3号电芯，4号电芯电流也会流向2号和3号电芯进行充电（如图中红色电流流向图），最终所有单体电芯电压调整到一致。

注：该均衡控制为作者设计，仅供参考。

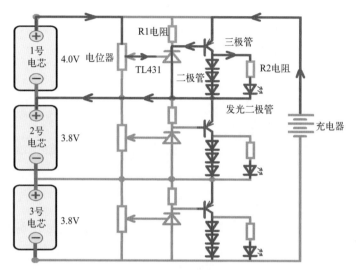

图3.50　充电均衡示意图

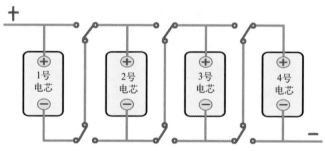

图3.51　动力电池并联电路连接图

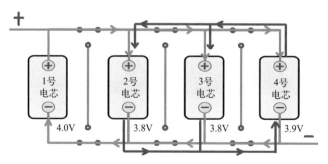

图3.52　动力电池并联均衡示意图

（5）动力电池均衡故障码分析

电池严重不均衡 / 无法运行均衡故障监测（图 3.53）原理：当动力电池组出现压差、相差过大到一定值时，因为电池组电压要保持一致，那么电池单体有过大压差或监测不到电压时就会报"电池电压不均衡"故障。图 3.53 中，数据流压差 3.740mV，无法监测到电压，已经达到报故障条件，同时电池不再执行均衡控制，故报故障"无法运行均衡"。

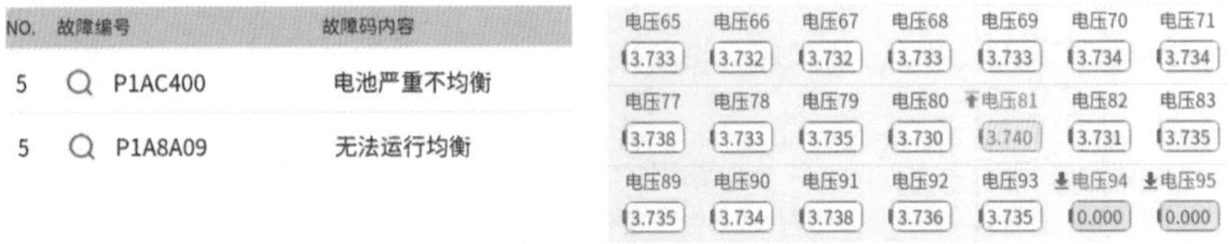

| NO. | 故障编号 | 故障码内容 |
| --- | --- | --- |
| 5 | P1AC400 | 电池严重不均衡 |
| 5 | P1A8A09 | 无法运行均衡 |

| 电压65 | 电压66 | 电压67 | 电压68 | 电压69 | 电压70 | 电压71 |
| --- | --- | --- | --- | --- | --- | --- |
| 3.733 | 3.732 | 3.732 | 3.733 | 3.733 | 3.734 | 3.734 |
| 电压77 | 电压78 | 电压79 | 电压80 | 电压81 | 电压82 | 电压83 |
| 3.738 | 3.733 | 3.735 | 3.730 | 3.740 | 3.731 | 3.735 |
| 电压89 | 电压90 | 电压91 | 电压92 | 电压93 | 电压94 | 电压95 |
| 3.735 | 3.734 | 3.738 | 3.736 | 3.735 | 0.000 | 0.000 |

(a) 均衡故障码示意图　　　　　　　(b) 动力电池电压数据流

**图 3.53　电池严重不均衡 / 无法运行均衡故障监测**

单体电压差异过大 / 偏大 / 单体电池压差故障监测（图 3.54）原理：动力电池组全部单体电池电压应是一致性电压，电池本身制造过程中会存在误差，时间一长会导致某些电池压差不一致，进而影响电池的能量输出、安全性，使 SOC、SOH 无法计算。所以，当动力电池组中电池单体的压差相差 0.3V 以上时就视为压差故障，BMS 电池管理器上报故障"电芯压差过大"，此时通过电池管理器数据流可排查故障。

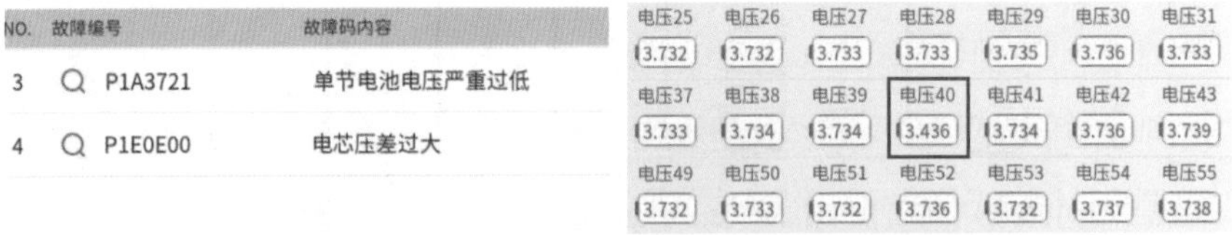

| NO. | 故障编号 | 故障码内容 |
| --- | --- | --- |
| 3 | P1A3721 | 单节电池电压严重过低 |
| 4 | P1E0E00 | 电芯压差过大 |

| 电压25 | 电压26 | 电压27 | 电压28 | 电压29 | 电压30 | 电压31 |
| --- | --- | --- | --- | --- | --- | --- |
| 3.732 | 3.732 | 3.733 | 3.733 | 3.735 | 3.736 | 3.733 |
| 电压37 | 电压38 | 电压39 | 电压40 | 电压41 | 电压42 | 电压43 |
| 3.733 | 3.734 | 3.734 | 3.436 | 3.734 | 3.736 | 3.739 |
| 电压49 | 电压50 | 电压51 | 电压52 | 电压53 | 电压54 | 电压55 |
| 3.732 | 3.733 | 3.732 | 3.736 | 3.732 | 3.737 | 3.738 |

(a) 电池压差故障码示意图　　　　　　　(b) 电池数据流示意图

**图 3.54　单体电压差异过大 / 偏大 / 单体电池压差故障监测**

## 3.12　动力电池热管理系统

动力电池在不同的温度下，其工作性能都有不同的变化，温度的变化会使电池的容量、电压、电池内阻产生变化，也会影响电池的寿命。在动力电池内部每个模组的单体电池都安装有温度传感器，时刻监测电池温度。一般动力电池的最佳工作温度为 15 ～ 40℃。

如果动力电池温度过低，如 -10℃时动力电池内部的活性物质活力下降，同时电池容量下降，充电、放电的性能也下降。例如，原来电池在 30℃时容量最大为 100Ah，电池在 -10℃时最大容量为 70Ah，这样就严重影响了电动汽车的续航能力。同时，在充电时电池低温充电接受能力差，因此，温度低于 0℃时就需要对电池进行加热控制，电芯到达一定温度后再进行充电。

在动力电池使用过程中，其内部会产生，在大电流放电时电池内部产生热量，在充电时电池内部产生热量等。当电芯 50℃时会加速电池的老化，寿命缩短，容量减小，电压、电池鼓包，存在安全隐患，严重时内部隔膜会收缩或损坏，造成电池内部短路，导致热管理失控，引起燃烧、冒烟、爆炸等安全问题的发生（图 3.55）。因此，电池管理器会控制电池的温度，当电池温度高时，电池管理器 BMS 会控制散热系统对电池进行散热。

图 3.55　动力电池热管理失控的危害

## 3.13 动力电池（风冷式）热管理系统

（1）普通式风冷系统

在新能源汽车使用过程中，动力电池的放电和充电都会产生热量，而动力电池过热会导致电池包故障，缩短电池寿命和降低容量。一般动力电池都有温度控制，动力电池温度到达一定值后，会进行断电停机保护，不让动力电池进行放电和充电，等到动力电池冷却后才能进行放电和充电。

早期的新能源汽车采用的电池包冷却系统为"自然冷却"和"风冷却"。自然冷却就是没有任何散热装置，采用"心静自然凉"式的方式，通过跑起来的风吹底盘电池壳体进行散热。这种方式在早期的新能源汽车上有应用。2019 年以后的车型基本都配备了散热系统。

第一代动力电池风冷散热系统（图3.56）采用动力电池通风的方式进行冷却。原理就是当动力电池温度高时，电池管理器控制散热电机进行通风，将驾驶舱的空气向外抽空，驾驶舱的冷空气通过通风口进入电池包，将电池包所产生的热量带走，从而进行散热和冷却。

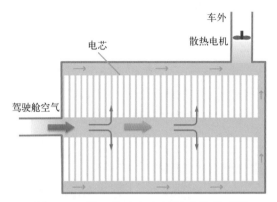

图3.56 第一代动力电池风冷散热系统

风冷散热系统与吹风扇原理类似，像奇瑞新能源（图3.57）、丰田混合动力（图3.58、图3.59）、雷克萨斯、长城汽车、现代汽车、荣威汽车、起亚汽车等车型，都有配备风冷散热系统。由于现在新能源汽车的散热需求过大，风冷散热效率较低，同时容易进尘进水，也无法满足电池散热需求，因此，这套系统只在早期的新能源汽车上使用。

图3.57 奇瑞小蚂蚁风冷散热电池包

图 3.58　丰田镍氢电池组风冷散热系统

图 3.59　丰田镍氢电池组散热风向图

（2）空调双蒸发器电池散热系统

空调双蒸发器电池散热系统，实际上就是在空调系统中并联一套蒸发器系统，将蒸发器安装在电池内部，主要部件组成有压缩机、冷凝器、散热电子风扇、电池电磁阀、电池蒸发器、电池蒸发器风扇、膨胀阀，如图 3.60 所示。

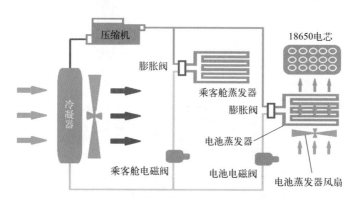

图 3.60　空调双蒸发器电池热管理系统组成图

当动力电池温度过高时，空调压缩机启动，乘客舱电磁阀和电池电磁阀实际上就是一个开关，乘客舱需要制冷时就打开乘客舱电磁阀，动力电池需要制冷时，就打开电池电磁阀。空调高压管路流过电池蒸发器进行喷发制冷，同时电池制冷风扇启动，将冷风吹到动力电芯进行降温，从而进行电池热管理控制。

（3）江淮新能源空调风冷系统

江淮新能源 iev5 动力电池空调风冷冷却系统安装在动力电池电芯中间，后端通过风道与电池模组相连，前端穿过电池包外壳与整车空调系统相连。系统组成元件有固定上下盖、PTC、正向风扇、反向风扇、空调管路、膨胀阀、蒸发器等，如图 3.61 所示。

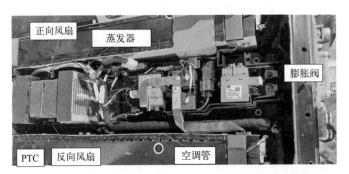

图 3.61　江淮新能源  iev 5 动力电池空调制冷电池热管理组成图

电池包是封闭式系统，风扇是内部系统空气流动的动力源。通过调整正反向风扇的转动，实现内部空气正反两个方向流动。蒸发器是热管理散热方案的核心部件，主要作用是使穿过的空气温度降低，以抵消电池发出的热量，从而降低温度。PTC 是热管理加热方案的核心部件，主要作用是使穿过的空气温度升高，以达到加热电池的作用。动力电池加热和冷却都由动力电池提供信息到 VCU 整车控制器，整车控制器再进行冷却和加热的控制。

空调双蒸发器电池风冷冷却系统在长期的使用中，由于空气中的水分吸附在蒸发器中，滴落到电池底壳，时间长了就有腐蚀的现象，如图 3.62 所示，这是双蒸发器系统的最大缺点。

图 3.62　空调制冷水腐蚀

空调系统必须要正常运作，如出现空调不制冷、空调压缩机损坏、电池电磁阀损坏、漏冷媒等故障，会导致电池温度控制失效。车辆在行驶时、充电时都会自动启动空调系统，对动力电池散热。如出现故障，会导致动力电池无法降温，管理系统会进行功率限制。因此，空调系统故障时应及时进行检修。

## 3.14 动力电池（水／液冷式）热管理系统

随着新能源汽车的快速发展，目前市面上最主流的热管理系统就是"水制冷式"动力电池热管理系统，这套系统结合了普通水冷式和空调制冷式两种系统。通过制冷剂热交换器将"水"冷却成"冰水"的形式，可以快速降低动力电池的温度，可控性能较高。这套系统运用在各大新能源汽车上，如特斯拉、比亚迪、东风风神、东风启程、哪吒汽车、蔚来汽车、小鹏汽车、北汽新能源、威马汽车、长城汽车、吉利汽车、BMW宝马、奔驰汽车、理想汽车等，均采用该冷却系统。

如图3.63所示，在电池模组电芯之间安放冷却板（铝材质），冷却板与电池紧密相贴，冷却板之间再用接头进行连接起来，每个电池冷却板都是均匀连接，冷却时同时进行冷却，这样可以避免电池温度的不均匀。主要缺点是动力电池包内部水管接头有漏液的可能。

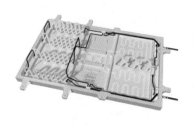

(a) 电池冷却液板      (b) 冷却液连接

图3.63 电池冷却液板及连接方式

（1）普通水冷式散热系统

普通水冷散热系统是继"风冷式散热系统"后的第二代散热系统（图3.64）。采用冷却液的水循环把热量带走，主要由循环水泵、水箱散热器、电子散热风扇、副水壶、相关管路组成。水冷散热比风冷散热效果要强得多，可以使散热更加可控，动力电池组的温度也可以进行均匀的控制。但水冷却液对电池包的密封性要求比较高，如果水冷却液接触到电池单体，会引起"绝缘故障"，导致车辆无法启动，所以水冷却系统与电池单体是隔开贴近进行冷却。

目前在市面上使用普通水冷系统的新能源车型有东风小康、瑞驰新能源、广汽传祺、奇瑞汽车、北汽新能源、比亚迪等商用车。

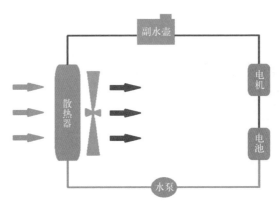

图 3.64　普通水冷式（第二代）散热系统图

（2）空调冷却循环式散热系统

空调制冷系统在普通水冷系统的基础上进行了升级，将空调系统和普通水冷系统进行了结合。空调制冷式（第三代）热管理系统主要组成元件有电动空调压缩机、冷凝器、电动风扇、膨胀和截止组合阀、热交换器（电池冷却水制冷器）、空调相关管路、电池冷却管路、电池冷却膨胀箱（副水壶）、空调电脑 ECC、电动冷却液泵等，如图 3.65 所示。这套系统可以对电池温度进行精确有效的冷却，有类似于空调一样的散热效果。散热强度可以进行调节。

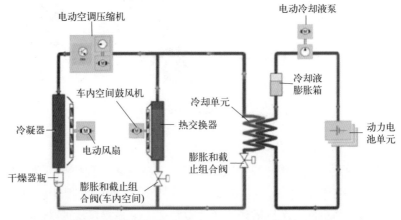

图 3.65　空调制冷式（第三代）热管理系统组成图

自 2018 年开始，各大厂家陆续使用第三代动力电池液冷式热管理系统，如北汽新能源、东风风神新能源、东风启辰新能源、广汽传祺/埃安新能源、长城汽车新能源、吉利汽车新能源、小鹏汽车新能源、特斯拉汽车新能源、蔚来汽车新能源、哪吒汽车新能源、爱驰汽车新能源、威马汽车新能源、宝马汽车新能源、奔驰汽车新能源、大众汽车新能源、荣威汽车新能源、枫叶汽车新能源、理想汽车新能源、奇瑞新能源汽车、长安汽车新能源、五菱汽车新能源、比亚迪汽车新能源等。

图 3.66 为比亚迪新能源汽车动力电池热管理系统组成图。该系统主要组成元件有电动压缩机、冷凝器、压力传感器、电子膨胀阀、板式换热器（热交换器）、电池冷却液水泵、四通阀、PTC、副水壶、暖风芯体、单向流通阀、相关管路等。

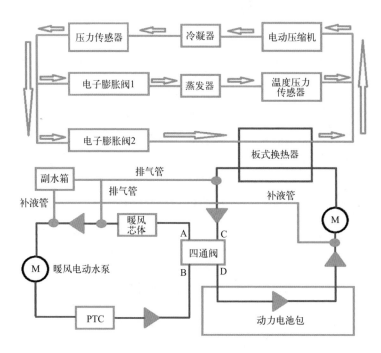

图 3.66　比亚迪新能源汽车动力电池热管理系统组成图

热交换器/板式换热器（图 3.67）通常安装在前机舱防火墙处，一头连接空调高低压管，一头连接动力电池包散热水管。空调旁通电磁阀（图 3.68）设计在空调高压管上，需要工作时打开，不工作则关闭。

比亚迪动力电池散热有两种模式。一种为"自然水冷"模式，就是不启动空调，仅冷却液通过水泵进行循环。当动力电池单体温度相差 5℃时，动力电池进入自然水冷模式，如图 3.69 中的红色水流向。

第二种模式为空调冷却模式，在自然水冷的模式下启动了空调系统进行散热，空调系统核心是"热交换器"，也叫"板式换热器"，位于图 3.70 的红色方框内。热交换器也相当于空调蒸发器。当动力电池温度高于 35℃时，空调 ECC 控制器启动动力电池"空调冷却"模式，压缩机启动，电子膨胀阀 2 开始进行喷射，热交换器进行蒸发，开始制冷，在制冷的同时也对动力电池的冷却液进行了制冷。

图 3.67　热交换器（板式换热器）

图 3.68　空调旁通电磁阀

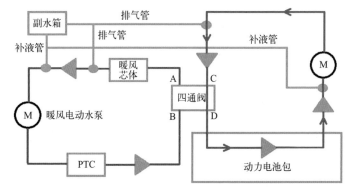

图 3.69　动力电池"自然水冷"模式

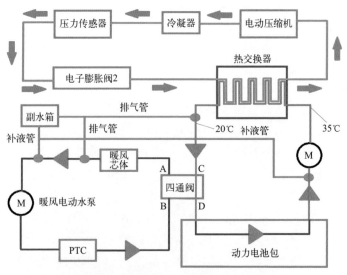

图 3.70　动力电池"空调冷却"模式

冷却液进入热交换器，离开时温度大概为20℃，20℃的冷却液进入电池包进行冷却降温。当动力电池温度低于33℃时，空调系统停止工作。

 **3.15 动力电池热管理（第一代）加热系统**

动力电池除了怕热之外，还怕冷，如动力电池温度过低，电池内部的物质活性降低，电池的容量、电压等都随之降低，会大大影响车辆的续航里程。特别是在东北地区，温度特别低，如果温度低于电池极限值，动力电池管理系统会进行自我保护，不让动力电池进行充电和输出。因此，厂家也为动力电池配置了加热控制。

第一代动力电池加热控制采用"暖风供应、空气加热"方式进行加热，而加热温度根据电芯的特性和材料进行设置，如图3.71所示。例如，某厂家设置电池温度低于5℃时，启动PTC进行加热，控制动力电池暖风电机工作，进行暖风的循环加热；当电池温度高于15℃时，加热系统停止工作。

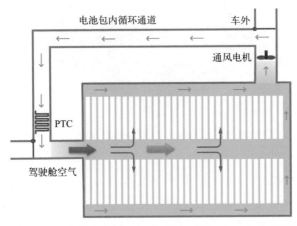

图3.71　动力电池PTC式（第一代）电池加热控制

 **3.16 动力电池热管理（第二代）加热控制**

常见的新能源汽车动力电池为"锂离子电池"，在零下5℃左右时，其工作电压和容量会明显下降；零下20℃左右时，动力电池内部正极材料和负极材料导电性能大大下降，物质活性降低，电池表现更加恶化，只能存储电池原容量的30%，如原来存储100Ah的容量，现在由于温度影响只能存储30Ah的容量。

低温条件下锂离子动力电池充电困难，因为动力电池内部负极表面堆积金属锂，锂结晶的生长会刺穿电池隔膜，导致电池内部短路，电池隔膜损坏会对电池造成永久性的破坏，极可能引发热管理失控，导致电池冒烟、起火、爆炸等危险情况的发生。

第二代动力电池加热控制如图3.72所示，将动力电池放置在加热片上（PTC），这个加热片（PTC）与家用的电热毯原理类似，通电产生热量达到加热电芯的目的。加热片由动力电池供电。这套系统与暖风加热相比控制更精确、反应速度更快。2015至2019年左右生产的车型都采用底部加热片式加热控制。但采用此加热方式的电池包，几乎没有安装动力电池散热装置。

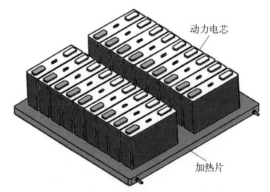

图3.72　动力电池（第二代）底部加热片（PTC）式加热控制

## 3.17 动力电池热管理（第三代）加热控制

前两种动力电池加热方式虽然都可以起到加热的效果，但暖风加热和加热片加热的方式存在一定的缺点。暖风加热式效率过低、电池加热片安装了之后就没有位置安装冷却系统，在动力电池热管理功能上存在不好控制的因素和空间缺陷。因此，厂家设计出了第三代电池热管理系统加热控制方式。

动力电池第三代加热控制系统由PTC、暖风芯体、暖风电动水泵、四通阀、单向阀、电池水泵、副水壶和管路等组成，如图3.73所示。该套系统结合了动力电池第三代冷却控制系统。第三代加热和第三代冷却为一整套系统，该系统具有控制便捷、简单、高效、空间利用率高等优点。比亚迪汽车、吉利汽车、埃安汽车、哪吒汽车、广汽传祺、威马汽车等厂家均采用该系统。

当动力电池温度过低时，BMS 将温度信息发送至空调 ECC 电脑板，由空调 ECC 电脑来控制 PTC 加热，将四通阀变换接通位置，A 与 C 相通，B 与 D 相通，此时动力电池管路与暖风加热系统管路相通，整个系统进入循环，如图 3.74 所示。PTC 加热器加热的冷却水由暖风水泵与电池水泵进行循环，由冷却水的热量给动力电池进行加热，达到电池低温加热的目的。

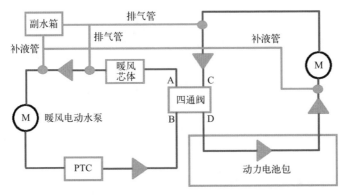

图 3.73　动力电池（第三代）加热控制

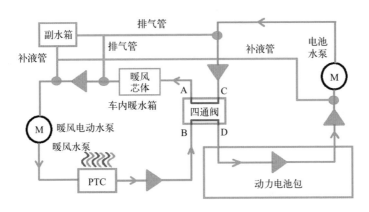

图 3.74　动力电池（第三代）加热启动水流图

动力电池温度故障码分析：

电池温差过大一级 / 采集 / 温度低故障监测原理：动力电池内部每个模组都会进行温度监测，正常情况下每个模组在同样的环境下，温度都是一致的，当某个传感器电阻值变化不一致时，若温度相差 10℃以上就会报故障码。如图 3.75 所示，数据流最高电池温度 27℃，最低电池温度 12℃，温度已经相差 15℃，电脑板就会报"温度偏差过大故障"，此时通过电池管理器数据流排查故障。

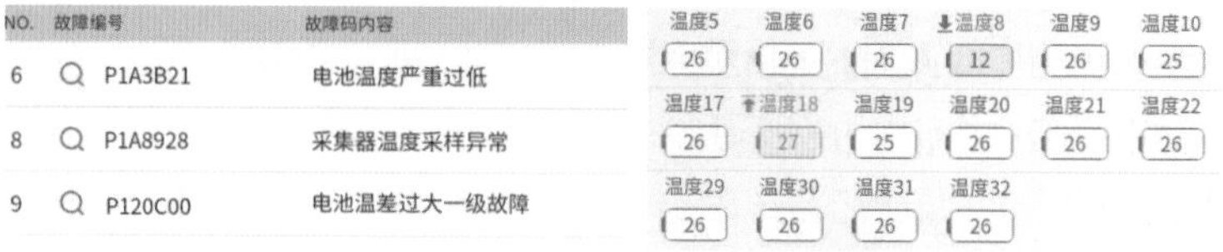

(a) 温度故障示意图　　　　　　　　(b) 电池管理器数据流

图 3.75　动力电池温度故障

# 第4章

# 整车控制器工作
# 原理与作用

## 4.1　整车控制器在系统中的角色

　　整车控制器在纯电动汽车中起到绝对关键的作用。整车控制器顾名思义就是整车的控制都与它有关，其控制整车高压系统部件的工作与信息传输，如同传统燃油车的发动机电脑控制整个发动机一样。整车控制器负责协调系统各个控制单元的工作，如DC/DC转换器、OBC车载充电机、电机控制器、车辆的启动等。同时，它还肩负着动力总成系统与其他系统之间交流通信的任务。

　　整车控制器（Vehicle Control Unit）简称VCU或HCU控制器，作为电动汽车的核心控制单元，相当于整个汽车的大脑，它基于驾驶员的操作意图、挡位、电门踏板、制动踏板、车速等信息对车辆进行动力分配，驱动车辆前进、加速、倒车等控制，如图4.1所示。

　　整车控制器作为控制的核心部件，在行驶时过程中要实时采集驾驶人员的操作信息，将其转换为控制信号，发送到CAN网络总线上对其他控制器进行控制。

　　整车控制器外观（图4.2）和普通电脑板一样，它的控制更类似于燃油汽车的发动机电脑板，控制整个动力的输出。整车控制器一般安装在前机舱（如北汽新能源EV160、广汽传祺、吉利EV300等）、室内的副驾驶座椅下方（如奇瑞艾瑞泽

5e、开瑞优优、华晨鑫源等）、主驾驶座椅下方（如众泰云 100PULS、奇瑞小蚂蚁等）、后座椅下方（如小鹏 P7 等）。

图 4.1　整车控制器系统工作原理图

图 4.2　整车控制器实物图

## 4.2　加速踏板工作原理与检测方法

　　加速踏板又称为电门踏板或油门踏板，是控制汽车加速的装置。电门踏板和传统燃油汽车的电子加速踏板一样，通过传感器内部的电压变化来检测出需要加速的力度和转矩。电门踏板主要分为霍尔式和可变电位计式两种类型传感器，其工作原理方式各有不同，但是信号都基本一样。

（1）可变电位计式加速踏板传感器

可变电位计式加速踏板工作原理：

如图4.3所示，传感器内部由两个滑动电位计组成，分为传感器1和传感器2，这两个传感器为独立设计。由于加速踏板在汽车上是一个非常重要的传感器，它关系到整车的加速和动力，所以厂家设计了两个传感器，这称为"冗余设计"技术。冗余设计的意思是，当传感器1损坏时，由于两个传感器是独立工作的，所以传感器2还可以继续使用，可以使车辆继续前进，不会出现抛锚的情况。

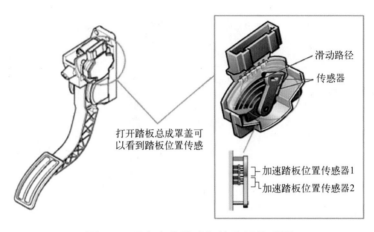

图4.3 可变电位计式加速踏板传感器

加速踏板传感器常见为"六线式"，如图4.4所示，六线分别为两根电源线（红色）、两根加速信号线（绿色）、两根接地线（灰色）。加速踏板传感器1和传感器2为电压变化，二者为倍数关系，当传感器1电压为4V时，传感器2电压为2V，信号电压在规定值内变化。

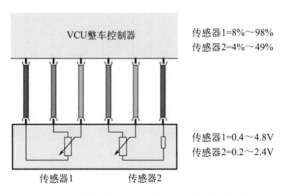

图4.4 可变电位计式传感器与整车控制器电路图

（2）霍尔式加速踏板传感器

**霍尔式加速踏板传感器工作原理：**

霍尔传感器与可变电位传感器工作原理有所不同，可变电位式传感器是通过滑动电阻的变化实现电压变化，为接触式传感器。而霍尔式传感器是通过磁场大小变化来实现电压变化，为非接触式传感器，如图 4.5 所示，传感器固定在壳体上。霍尔传感器要优于可变电位计式传感器，可变电位计使用时间长会导致电阻磨损而信号失准，霍尔传感器则相对稳定。

图 4.5　霍尔式加速踏板传感器

霍尔式加速踏板除工作原理与可变电位计式有所不同以外，其信号电压与变化一样，接线线路也一样。霍尔式分为六线和四线传感器两种，六线和可变电位计式原理相同，四线为电源和接地共用，传感器信号 1 和传感器信号 2 独立。由于每辆车的电路图都不一样，所以此处没有指定哪一款车来进行示例，图 4.6 所示的电路图适用于绝大部分车型。

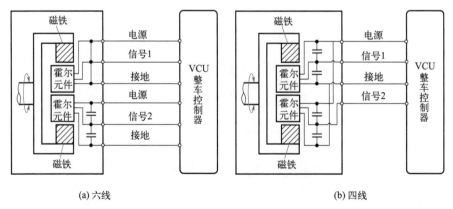

(a) 六线　　　　　　　　　　　　　　　(b) 四线

图 4.6　六线与四线霍尔式加速踏板电路图

（3）加速踏板传感器实际检测方法

绝大部分新能源汽车加速踏板传感器为"六线式传感器"，以奇瑞新能源 EQ 车型为例，加速踏板安装在主驾驶下方。

奇瑞 EQ 车型加速踏板第一脚为传感器 1 信号线，第二脚为传感器 1 的 0V 接地信号，第三脚为传感器 1 的 5V 供电线，第四脚为传感器 2 的信号线，第五脚为传感器 2 的接地线，第六脚为传感器 2 的供电线，如图 4.7 所示。除奇瑞 EQ 车型以外，其他车型也均为此类设计。传感器 1 信号和传感器 2 信号也是倍数关系，当传感 器 1 信号电压约为 0.4V 时，传感器 2 信号约为 0.8V。

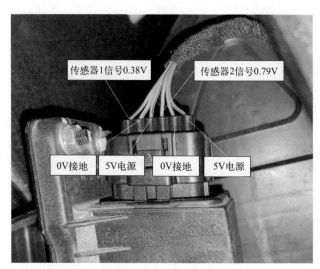

图 4.7　奇瑞 EQ 车型实测信号电压图

（4）加速踏板故障代码与含义分析（图 4.8）

| NO. | 故障编号 | 故障码内容 | 故障码状态 |
| --- | --- | --- | --- |
| 1 | P1A58 | 加速踏板位置信号同步故障 | |
| 2 | P0A37 | 加速踏板位置信号1电压过低 | |
| 3 | P0A39 | 加速踏板位置信号2电压过高 | |

图 4.8　加速踏板常见故障代码

P1A58 加速踏板位置信号同步故障：该故障码意思为加速踏板传感器 1 和传感器 2 的信号电压都不在预先设定的程序范围内变化。例如，整车控制器内部预先设定的信号电压，在不踩下加速踏板时传感器 1 信号电压为 0.4V，传感器 2 信号电压为 0.8V，这个电压值在整车控制器内部为无故障；当传感器 1 电压为 0V，传感器 2 电压为 0.8V，此时加速踏板的信号和整车控制器内部预先设置的电压不一致，那么就会报"加速踏板位置信号同步故障"。

P0A37 加速踏板位置信号 1 电压过低 / 超出下限：传感器信号电压过低或者超出下限，正常加速踏板传感器的信号电压变化范围为 0.2 ～ 4.8V。那么如果传感器的电压低于 0.2V，电脑就会认为传感器出现故障，0.2V 就相当于故障的电压阈值，此时会报"加速踏板信号 1 电压过低或者信号 1 超出下限"。一般出现信号电压过低时常见故障为信号线断路或者短路、传感器损坏等。

P0A39 加速踏板位置信号 2 电压过高 / 超出上限：正常加速踏板的信号电压范围变化为 0.2 ～ 4.8V，无论是信号 1 还是信号 2 都是一样。当信号电压高于 4.8V，电脑就会认为传感器不在规定的电压值（4.8V）内变化，就认为有故障，那么电脑就会报"加速踏板信号 2 电压过高或者超出上限"。一般出现此类故障的可能原因为信号线断路或者短路、传感器损坏等。

## 4.3 制动踏板工作原理与检测方法

制动踏板也叫刹车踏板，是汽车行车必须具备的安全系统，无论是新能源汽车还是燃油汽车。车辆电子控制器和高压控制器都需要实时检测制动的动作和信号，以便更好更智能地控制车辆的运行。"制动信号是新能源汽车启动的基本条件信号"，所以制动信号也是汽车非常重要的一个信号。像汽车制动时的制动信号灯也是通过制动信号来控制点亮。制动信号一般有两种，一种是制动开关信号，一种是制动深度信号。

制动开关安装于制动踏板上方位置（图 4.9），主要检测制动踏板是否踩下。制动顶扣为塑料材质，使用时间长后会老化裂开，会导致制动触点无法正常检测，此为常见故障。制动开关有两线、三线、四线开关三种，根据车型的不同，制动开关的插头针脚数就不同，制动开关内部由一个触点（两线的制动开关）或者两个触点（四线的制动开关）组成，中间由内部推杆、弹簧、螺纹外壳组成（图 4.10）。

如图 4.11 所示，当制动未踩下时，由于制动开关位于制动踏板上方，顶住开关内部推杆向上，内部弹簧收缩，使两个触点无法结合，此时信号断开无法传递，则表示制动未踩下。当制动踏板踩下时，开关内部推杆向下伸出，内部弹簧张开，两个触点结合导通信号传递到另一边，则有制动信号。

图 4.9 制动信号传感器安装位置

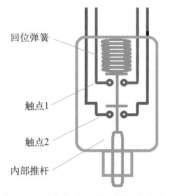

图 4.10 制动踏板传感器内部组成

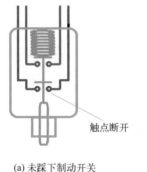

(a) 未踩下制动开关

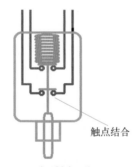

(b) 踩下制动开关

图 4.11 制动开关

（1）制动踏板开关传感器电路图

图 4.12 为 2016 款吉利帝豪 EV 纯电动制动踏板信号传感器电器原理图。此制动开关为"四线开关"，2 脚与 3 脚作为传感器供电，由室内保险丝继电器盒提供电压 12V，但是两个开关为一个常闭（1 脚与 2 脚）、一个常开（3 脚与 4 脚），3 脚与 4 脚用于控制"后制动灯"，1 脚与 2 脚用于 VCU 整车控制器或其他模块检测是否有刹车信号。

图 4.13 为 2018 款吉利帝豪 GSe 纯电动制动开关信号与制动灯控制电路图，制动开关信号也分为"常开与常闭"触点，其设计目的是使信号更加精确，也是"冗余设计""跛行回家"，同时便于检测制动开关本身是否存在故障。随着科技的不断进步，原先由制动开关控制制动灯的电路现在集成到 BCM 车身模块中，BCM 车身模块靠制动开关的信号来点亮制动灯。

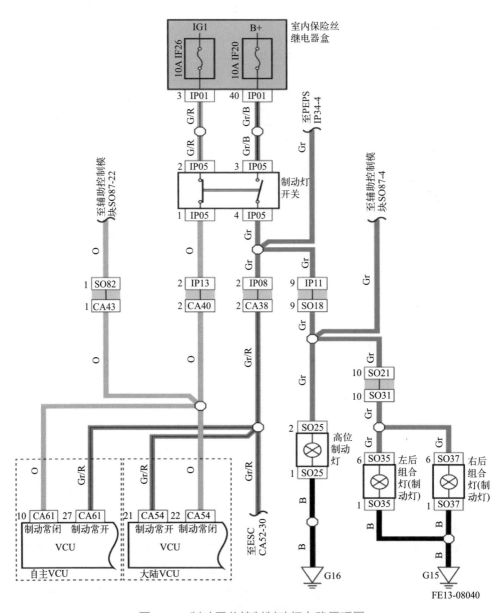

图 4.12　制动开关控制制动灯电路原理图

（2）制动深度传感器

图 4.14 为 2014 款比亚迪秦混合动力制动深度传感器与线路定性说明，该传感器与加速踏板传感器原理一样，内部由两个滑动电阻构成，也分信号 1 和信号 2，两根独立电源 5V，两根独立接地 0V。

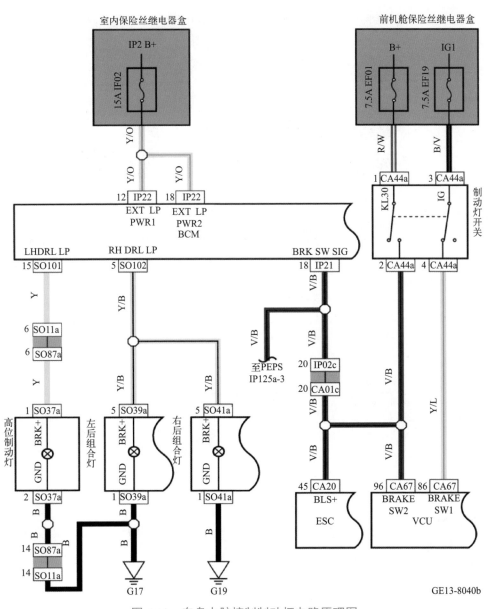

图 4.13　车身电脑控制制动灯电路原理图

图 4.15 为 2014 款比亚迪秦混合动力制动深度电路图，该传感器与制动开关信号有所不同，制动开关信号是检测刹车是否踩下，制动深度是检测制动踩下的程度是多少，利于控制车辆的 ABS 防抱死系统、电子转向助力系统、定速巡航系统、电机能量回收控制程度、发动机喷油等。

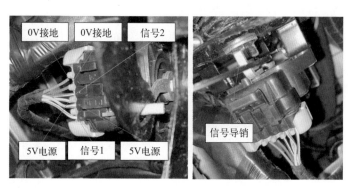

图 4.14　制动深度传感器实物图

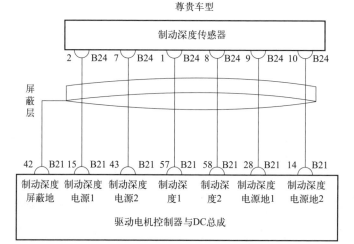

图 4.15　制动深度传感器电路图

## 4.4　电子换挡控制器原理与维修检测方法

传统燃油汽车换挡有手动挂挡、自动挂挡、电子换挡三种方式，因为燃油汽车有传动变速器装置，需要对发动机的转速进行调节利用，而新能源汽车没有变速器装置，电动机转速可高可低，只有传动的差速器装置，故只需要控制电动机的正转和反转即可，就使用电子换挡控制器进行换挡。

（1）奇瑞瑞虎 3Xe 新能源纯电动汽车挡位信号故障检修

图 4.16 为奇瑞瑞虎 3Xe 新能源纯电动汽车电子换挡机构总成。目前电子换挡器控制电路一共分三种：第一种为"电子编码器换挡器"，第二种为"硬线信号换

挡器"，第三种为"电子通信换挡器"。

(a) 电子换挡开关正面

(b) 电子换挡开关反面

图 4.16　电子换挡开关

图 4.17 为 2018 款奇瑞瑞虎 3Xe 纯电动汽车电子换挡器电路图，这个电子编码开关换挡器被众多厂家采用，如奇瑞新能源、北汽新能源、长安新能源等。它的工作原理就是由四条信号线进行"二进制编码"以传输信号，VCU 整车控制器接收到信号就知道其换挡挡位信息。例如，挂 D 挡时 B2 信号线为 12V、B3 为 12V、B4 为 0V、B5 为 0V，二进制编码含义为"1100"，1 代表有电，0 代表没电，那么整车控制器接收到就认为 D 挡信号。

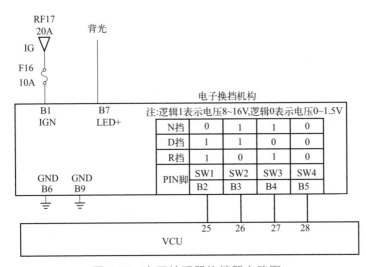

图 4.17　电子编码器换挡器电路图

P1A53 挡位信号故障 VCU 监测机理：

挡位故障的出现是由于信号与 VCU 内部设定的不一致，才报故障（图 4.18），如换挡控制器在"R 挡位"时，那么 B2 线电压为 12V，B3 线电压为 0V，B4 线电压为 12V，B5 线电压为 12V。此时 B5 线电压在 VCU 内部为 0V，那么现在出现为 12V，VCU 内部没有设计"1011"的挡位信息，正常 R 挡位编码为"1010"，此时 VCU 就会认为挡位信号有故障，就会报故障码。只要二进制编码在整车控制器内部没有预先设定，VCU 接收后就会报出故障。这就是挡位故障监测机理。

故障可能原因：电子换挡器故障，线路故障，VCU 故障。

| NO. | 故障编号 | 故障码内容 | 故障码状态 |
|---|---|---|---|
| 1 | Q  P1A53 | 挡位故障 | |

图 4.18　挡位信号故障

（2）2018 款长丰猎豹 CS9EV 纯电动汽车挡位控制器失去通信故障检修

图 4.19 为 2018 款长丰猎豹 CS9EV 纯电动汽车电子换挡机构电路图。电子通信换挡器同样被众多厂家采用，如比亚迪新能源、吉利新能源、小鹏汽车、特斯拉汽车、东风风神新能源、蔚来汽车、理想汽车、奔驰汽车、宝马汽车、腾势新能源、长安新能源等。电子通信式换挡器与电子编码开关有所不同，通信式换挡是通过 CAN 通信网络数据进行换挡，将挡位信息发送至 CAN 网络，VCU 接收到信息后控制电机前进或后退。

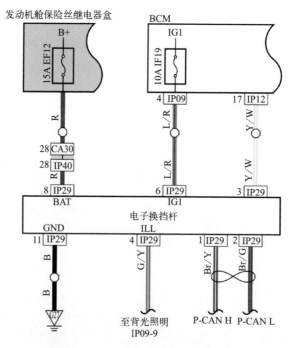

图 4.19　电子通信换挡机构电路图

挡位控制器失去通信故障监测机理：

通信式换挡器可以看作一个监控器，监控器通电就会监控，然后再将画面信息通过数据线传到电脑上进行显示，如果给监控通电后不显示画面就说明有故障。换挡器也是如此，换挡器通电后每隔50ms向VCU发送数据，如果VCU接收到数据就认为换挡器在线，此时无故障为正常状态；如果VCU连续5次以上没有接收到换挡器的信号，整车控制器就会报"换挡器通信丢失故障"（图4.20）。

| NO.　故障编号 | 故障码内容 | | 故障码状态 |
|---|---|---|---|
| 整车控制系统(HCU) | U017587 | 换挡器管理系统(GSM)节点丢失故障 | |

图4.20　换挡器管理系统节点丢失故障

（3）2018款吉利全球鹰EX3纯电动汽车换挡信号传输

图4.21为2018款吉利全球鹰EX3纯电动汽车换挡器电路图，这个换挡信号的传输相对比较简单，就是通过挡位硬线直接连接的方式传递信号。奇瑞新能源、吉利新能源、上汽申龙新能源、东风小康等厂家使用该方式，换挡器根据驾驶员挂的挡位来进行单线的输出，如挂D挡时，D挡信号线为12V，N挡为0V，R挡为0V。挂什么挡位，那个挡位就输出12V电源。

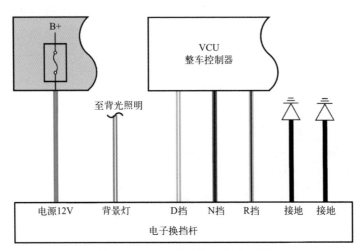

图4.21　硬线信号换挡器电路图

（4）吉利全球鹰EX3不能挂挡维修案例

ERR 2035故障码（图4.22）监测机理：

ERR 2035 故障代码含义为"电子换挡器信号不可信"故障，为吉利全球鹰 EX3 车型故障代码。出现此故障时，车辆可以正常启动，但不能挂挡，仪表挡位信号闪烁。

图 4.22 ERR 2035 故障码

测量挡位信号线与 VCU 线路为导通，把挡位挂到 D 挡，在测量挡位信号电压时发现 D 挡和 N 挡都有电压（图 4.23），为异常，在挂挡时只有一个信号线有电压为正常，现在挂 D 挡两个挡位信号都有电压就说明有故障，说明挡位控制器内部有损坏，进而导致 VCU 接收到的信号为无效信号。因为 VCU 内部程序设定和现在的挡位信号不一致，VCU 不会进行车辆的前进或后退控制，所以报 2035 故障代码。

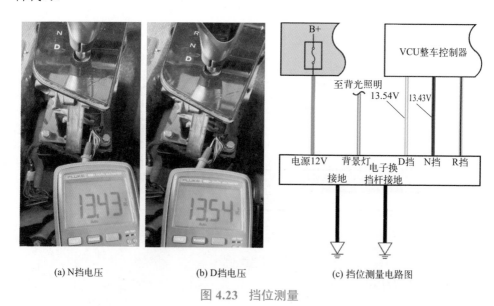

(a) N挡电压　　　　　　(b) D挡电压　　　　　　(c) 挡位测量电路图

图 4.23 挡位测量

拆开换挡控制器（图 4.24），内部有磁性感应来监测挡位信号，磁性监测分别监测 D、N、R 挡位，内部的 N 挡监测电路元件出现短路情况，其他挡位监测正常，元件短路导致 N 挡信号线一直为 13V，更换监测元件后故障排除，可以正常挂挡行驶。

图 4.24　换挡控制器内部图

## 4.5　引擎音模拟器作用与检测方法

引擎音模拟器也叫低速报警器（图 4.25），主要是在车辆低速时发出声音。由于新能源汽车是电驱动行驶，起步时或低速行驶时没有声音，导致行人等无法察觉而易造成危险。所以，设计报警器在车速低于 30km/h 时会发出报警声。

图 4.26 为引擎音模拟器实物图，不同厂家的低速报警器的外形都有所不同，但功能都是在低速行驶时发出报警声，安装位置一般位于前保险杠内、轮胎内衬、前机舱左右侧等。

图 4.25　低速报警器

图 4.26　比亚迪引擎音模拟器

图 4.27 为 2018 款猎豹 CS9EV 纯电动汽车低速报警器接线定义，低速报警扬声器一般为四线制，分别是 12V 电源、0V 接地、通信 CAN H、通信 CAN L 接线端子。报警器由 VCU 整车控制器控制。VCU 通过 CAN 通信网络向低速报警器发送数据，报警器接收到数据后开始报警发声。

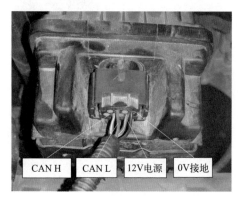

| CAN H | CAN L | 12V电源 | 0V接地 |

图 4.27 低速报警扬声器接线定义图

## 4.6 电子水泵控制原理与检测方法

新能源汽车的电机控制器、驱动电机、动力电池、三电核心控制器都由冷却液进行散热，电子水泵（图 4.28）由无刷电机带动叶轮旋转，使液体压力升高，带动水、冷却液等液体进行循环，从而实现冷却液散热。有电机控制器与电机水泵、PTC 暖水箱水泵、动力电池水泵等类型，这些系统均独立运行，由单独水泵进行水循环。

(a) 电子水泵正面      (b) 电子水泵反面

图 4.28 电子水泵

电机通过机械装置使水泵内部的隔膜做往复式运动，进而压缩、拉伸泵腔内的空气。内有单向阀，在排水口处形成正压，在抽水口处形成真空，进而与外界大气压间产生压力差。在压力差的作用下，将水压入进水口，再从排水口排出。在电机传递的动能作用下，水持续不断地吸入和排出，形成较稳定的流量。

新能源汽车采用两线式电子水泵控制驱动，图 4.29 所示的电路图可以适用于大部分车型，由电子水泵、水泵继电器、保险丝、蓄电池、VCU 整车控制器组成。水泵负极与蓄电池负极相连，正极与 VCU 控制器正极相连。当控制器温度过高时，VCU 将水泵继电器负极接地，开关吸合，此时电子水泵开始工作。

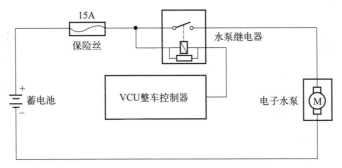

图 4.29　两线式电子水泵电路图

电子水泵三线式控制方式有两种。一种为"PWM 占空比信号"控制，如图 4.30 所示。VCU 控制冷却水泵继电器吸合，电机水泵得到供电，红白色线为继电器控制反馈，如果 VCU 控制了继电器吸合，但是红白色线没有 12V 电压到VCU，那么 VCU 就会认为"冷却水泵继电器故障"。当电子水泵有供电时，VCU通过"PWM 占空比信号"对水泵的转速进行调节。

另外一种为 LIN 通信信号控制（图 4.31）。这种控制信号与 PWM 占空比信号控制有所不同，它以 LIN 线连接多个水泵或模块，是一种通信控制。例如，前电机水泵、暖风水泵、动力电池水泵、电子风扇、主动进气格栅、三通水阀等都可以使用一条线来同时控制。这种控制的方式是因为每个水泵内部都带有 CPU 中央处理器，相当于是一个模块电脑板。每个水泵都有自己的 ID 地址。通过发送不同的 ID 地址就可以控制对应的水泵工作或者停止。

四线式 PWM 占空比控制（图 4.32）和三线 PWM 占空比控制原理一样，在三线原有的基础上增加了一条故障检测线，这条线检测电机是否工作（图 4.33、图 4.34），或者检测电机是否供电和接地。故障检测线在正常情况下电压为 0V，当电机不工作或者缺电源接地时，故障检测线电压为 12V。故障检测线反馈到 VCU整车控制，整车控制器就会进行故障报码。

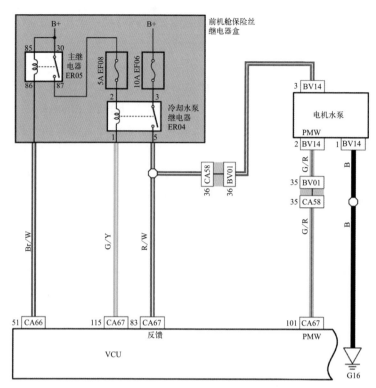

图 4.30　PWM 占空比信号控制电路图

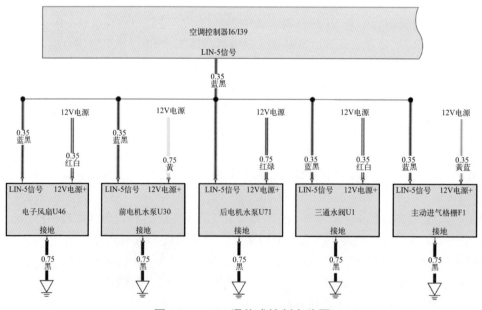

图 4.31　LIN 通信式控制电路图

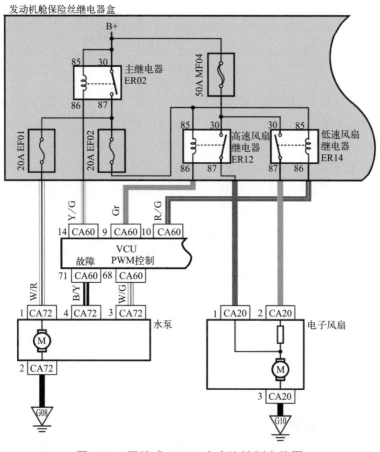

图4.32 四线式PWM占空比控制电路图

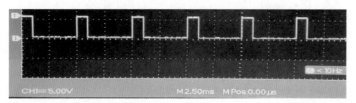

图4.33 电子水泵PWM占空比信号不工作时波形

图4.34 电子水泵PWM占空比信号工作时波形

## 4.7 电动制动真空泵控制原理与检测方法

传统内燃机轿车的制动系统真空助力装置的真空源来自发动机进气歧管，进气真空度负压一般为 0.05 ～ 0.07MPa。由传统车型改装成的纯电动车汽车，没有发动机负压，制动系统由于没有真空动力源而丧失真空助力功能，仅由人力所产生的制动力无法满足行车制动的需要。因此，需要对制动系统真空助力装置进行改制，而改制的核心问题是产生足够压力的真空源，这就需要为制动系统增加电动真空泵。

制动真空助力系统由真空助力器、制动总泵、真空泵、真空度传感器、真空罐等组成，如图 4.35 所示。当驾驶员启动车辆时，12 V 电源接通，电子控制系统模块开始自检，如果真空罐内的真空度小于设定值，真空压力传感器输出相应电压值至控制器，此时控制器控制电动真空泵开始工作。当真空度达到设定值后，真空压力传感器输出相应电压值至控制器，此时控制器控制真空泵停止工作。当真空罐内的真空度因制动消耗，真空度小于设定值时，电动真空泵再次开始工作，如此循环。

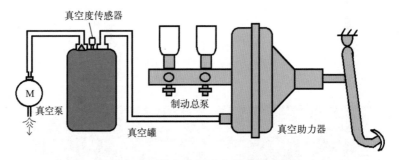

图 4.35 制动真空助力系统组成图

电动真空泵内部主要由电机、泵腔等元件组成，如图 4.36 所示，电机接通电源后，使电能转换成旋转的机械能，电机旋转轴带动旋转器转动，旋转器中的叶片沿泵环内壁转动，由于泵环的内径是椭圆的，转动过程中叶片组成的容积空间变化会压缩真空系统中的空气，并将空气排出，从而形成真空。

真空储存罐（图 4.37）主要用于存储真空，为真空助力器保留更多真空环境。当真空泵工作时会将真空罐内的空气抽出，保证制动真空助力器的真空需要，同时降低真空泵工作频率，提高真空泵使用寿命。

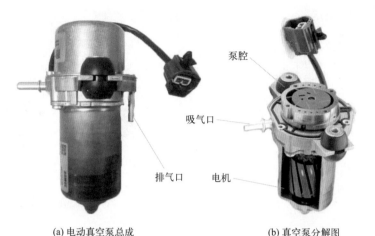

(a) 电动真空泵总成　　　　　　　(b) 真空泵分解图

图 4.36　电动真空泵

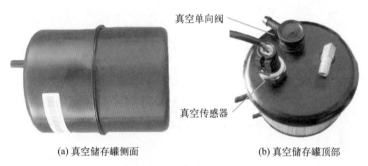

(a) 真空储存罐侧面　　　　　　　(b) 真空储存罐顶部

图 4.37　真空储存罐

真空度传感器（图 4.38）主要用于监测制动管路的真空压力，并将信号传输到 VCU 整车控制器。真空度传感器与燃油车的发动机进气压力传感器原理类似，都是以检测真空压力为主，有电容式、电阻式等。真空度传感器一般为三线制，分别为电源线 5V，信号线在 0.2 ～ 4.8V 之间变化，接地线 0V。三根线分别由整车控制器供给和监测。真空度传感器也是制动真空助力系统主要的传感器。

图 4.39 为 2018 款长丰猎豹 CS9EV 纯电动汽车制动真空泵系统控制电路图。真空度传感器监测制动管路中的真空压力并将信号发送到 VCU 整车控制器，整车控制器根据传感器反馈的电压判断制动系统真空度的压力，从而控制电动真空泵继电器工作，真空泵工作产生真空，当真空泵压力达到一定值时，VCU 控制继电器断开，真空泵停止工作。这套系统反复循环，使真空助力系统保持有足够的真空进行制动助力。

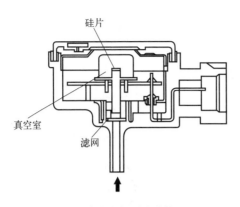

(a) 真空度传感器内部结构图

(b) 真空度传感器实物图

图 4.38　真空度传感器

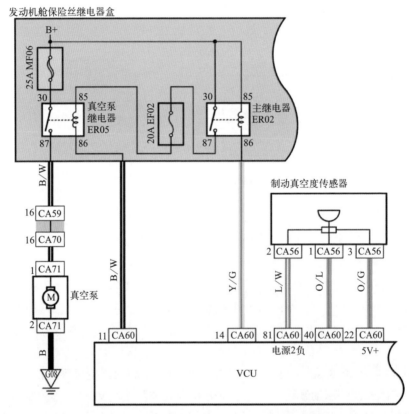

图 4.39　电子制动真空泵助力系统电路图

（1）单独真空泵控制器系统

图 4.40 为北汽新能源 EU5 纯电动汽车真空泵。真空泵控制系统除了有 VCU

整车控制器控制的系统，还有单独控制的系统，图 4.40 中是单独的真空泵 ECU 控制。真空传感器安装在助力总泵上。

图 4.41 为 2018 款 北 汽 新 能 源 EU5 纯电动汽车 VBP 制动真空泵系统电路示意图。真空泵控制器由常电源、钥匙电源、CAN 通信、接地、电子真空泵、真空度传感器等组成。真空泵是否工作取决制动真空度的多少，真空度传感器反馈到真空 ECU，真空 ECU 再控制真空泵工作。

图 4.40　电子真空泵

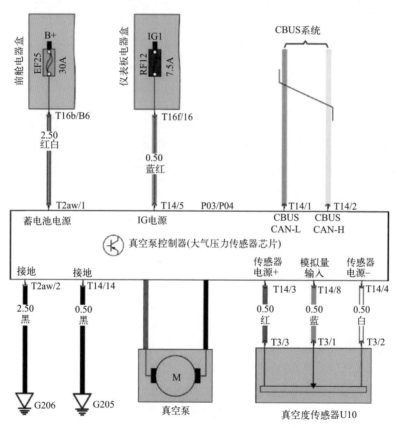

图 4.41　VBP 电子真空泵系统控制电路图

（2）制动真空系统故障码（图 4.42）监测原理分析

真空度传感器故障监测原理：真空度传感器工作电压范围为 0.2 ～ 4.8V，传感器在此电压内为正常。当传感器电压超出此范围，VCU 整车控制器就会认为传感器故障，如传感器信号电压 4.9V 或者 0.1V，超出 0.2 ～ 4.8V 的正常变化范围，那么整车控制器就上报"真空度传感器故障"，某些车型可能会报"真空度传感器信号电压过低 / 过高故障"，需要对传感器和线路进行检查。

| NO. | 故障编号 | 故障码内容 | 故障码状态 |
|---|---|---|---|
| 2 | Q C004701 | 真空度传感器故障 | 当前故障&历史故障 |
| 3 | Q C00217A | 制动助力系统泄漏 | 当前故障&历史故障 |

图 4.42　真空系统故障码示意图

制动助力系统泄漏故障监测原理：在正常情况下，整车控制器控制真空泵电机工作时，真空度会上升，传感器会随着真空度的变化而变化。如果整车控制器控制真空泵工作，真空度传感器反馈的电压还是比较低的情况下，那么整车控制器会一直控制真空泵工作。真空泵工作时间超过 20s 时，整车控制器就会认为系统有真空泄漏，报故障"制动助力系统泄漏"，需要对真空度传感器和管路进行检查。

## 4.8 电子散热风扇控制电路

燃油汽车最主要的散热需求就是对发动机进行散热，让发动机保持在一个稳定温度下进行工作，以保证动力和安全。新能源电动汽车虽然没有了发动机，但是对驱动电机、动力电池、空调冷凝器的散热仍是必要的，所以在新能源电动车上也配备了电子散热风扇控制电路。

图 4.43 为常见的电子散热风扇，无论是新能源汽车还是燃油汽车都有运用，其控制原理主要还是硬线控制，这控制方式较为传统，控制逻辑简单，由电子风扇电机、低速限流电阻、固定外壳等组成。

图 4.44 为 2018 款猎豹 SC9EV 纯电动汽车电子散热风扇控制原理电路图，分别由高速风扇继电器和低速风扇继电器来控制风扇的转速。当冷却系统达到条件时，如 40℃高温，VCU 整车控制器控制低速风扇开始旋转，电源由蓝色线流向电子风扇的限流电阻，限流电阻与散热电机串联进行分压，电压小了电流自然就小了，电机转速为低速。当温度达到 60℃时，整车控制器控制高速风扇继电器吸合，12V 电源不经过限流电阻，不形成分压，电机高速运转。大部分车型都采用此电路进行风扇的控制。

图 4.43    电子散热风扇实物图

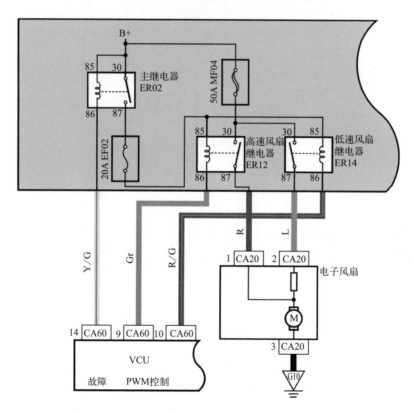

图 4.44    电子散热风扇控制电路图

图 4.45 为 2020 款小鹏 P7 纯电动汽车 PWM 占空比调速电子散热风扇控制电路图，电子风扇由散热风扇模块来进行控制，风扇的正极和负极与模块连接。散

热模块有电源正极，接地线负极，一根 PWM 调节转速的信号线，信号线由整车控制器 VCU 控制。PWM 信号占空比调节的风扇可以 0% ～ 100% 转速可调，比继电器控制式的风扇要更加智能和安全。这类控制方式也被众多厂家采用。

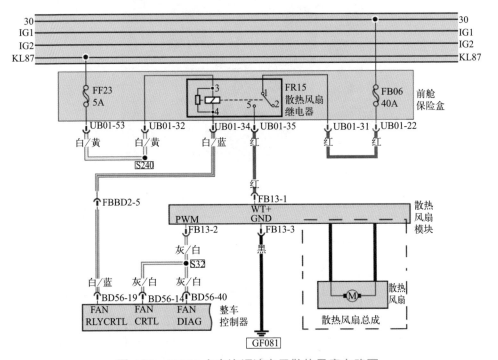

图 4.45　PWM 占空比调速电子散热风扇电路图

## 4.9　整车故障模式划分和控制逻辑

　　整车控制系统根据驱动电机、动力电池、EPS、DC/DC 转换器等零部件故障、整车 CAN 通信网络故障及 VCU 硬件故障进行综合判断，确定整车的故障等级，并进行相应的处理，如图 4.46 所示。

　　整车控制器是电动汽车的核心部件，所以整车的故障检测都要经过 VCU 整车控制器分析，对故障的等级进行划分。在不影响车辆安全驾驶的情况下会进行仪表故障提示，告知用户需维修，但车辆可以正常使用。当故障会影响车辆行驶时就进行功率限制，如部分车型出现动力电池温度采集故障、动力电池单体电压采集故障、电流传感器故障、DC/DC 转换器故障等将会进行输出功率限制，不会强制下电。某些车型出现此类故障时会下电断开高压，提示故障。

| 等级 | 名称 | 故障后处理 |
|---|---|---|
| 一级 | 致命故障 | 紧急断开高压 |
| 二级 | 严重故障 | 二级电机故障零转矩，二级电池故障20A放电电流限功率 |
| 三级 | 一般故障 | 进入跛行工况/降功率 |
| 四级 | 轻微故障 | 只仪表显示，四级故障属于维修提示，但是VCU不对整车进行限制。四级能量回收故障，仅停止能量回收，行驶不受影响 |

图4.46　故障等级及处理方式

## 4.10 整车唤醒工作模式

随着科技越来越先进，智能设计和便捷设计改善了人们的生活，新能源汽车在智能设计上也是做了很大的优化，增加了车辆远程启动、远程充电、远程空调、蓝牙钥匙、手机启动等功能。当车辆处于断电状态和没有钥匙的情况下，车辆如何实现启动和控制的呢。这时首先就需要对车辆进行唤醒。

钥匙唤醒（图4.47）：车辆正常启动时，用户使用钥匙接通车辆电源，车辆控制模块被唤醒，模块唤醒后可以进行工作和控制。

(a) 机械钥匙式　　　　　　　　(b) 一键启动式

图4.47　钥匙唤醒

慢充唤醒（图4.48）：当车辆处于停车状态、静止状态时，整车控制器处于断电或休眠状态。用户进行慢充充电时，整车控制器被唤醒。首先OBC充电机监测到慢充枪信号，然后通过硬线或者CAN通信的方式唤醒整车控制器或其他模块，此时车辆进入工作状态。

快充唤醒（图4.49）：当车辆处于停车状态、静止状态时，整车控制器处于断电或休眠状态。用户进行快速充电时，快充充电机自带唤醒信号，A+（12V）和A-（0V）电源线接通车辆后整车控制器被唤醒，进入工作状态。

(a) 慢充口

(b) 连接充电器

图 4.48　慢充唤醒

(a) 快充口

(b) 连接快充器

图 4.49　快充唤醒

　　远程唤醒（图 4.50）：远程唤醒主要控制源于手机 APP，当用户用手机控制车辆启动时，手机信号将发送至控制总台，控制总台将信号发送至用户车辆，车辆由远程监控终端 T-BOX 模块接收，T-BOX 模块将通过 CAN 通信网络或硬线唤醒车辆和整车控制器，此时车辆进入工作状态。

(a) 远程T-BOX模块

(b) 手机控制页面

图 4.50　远程唤醒

# 第5章

## 远程监控终端系统

**5.1 远程监控终端系统组成**

  远程监控终端也称"T-BOX 模块"（图 5.1），主要由 BDS 天线、GPS 天线、4G 天线、SD 内存卡、SIM 数据卡、主控模块组成。

  根据车型的不同，T-BOX 模块的外观有所不同，现在大部分车型已经将 T-BOX 模块集成在中控主机内部。较早的车型或低端车型是分开独立监控。远程模块是低功耗模块，基本实时处于工作状态或待机状态。

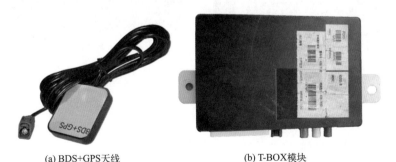

(a) BDS+GPS天线       (b) T-BOX模块

图 5.1 远程监控终端

## 5.2 远程监控终端作用

黑匣子：车载终端将在本地保存车辆最近一段时间的运行数据，作为"黑匣子"，提供车辆故障或事故发生前的数据信息。

盲区补传：车载终端支持在通信网络不畅情况下，自动将数据保存至采集终端 flash 存储区内，待网络正常后，自动 / 人工将数据上传至服务平台。

自检功能：当检测到 GPS 模块、SD 卡、4G 网络、主电源等故障时会主动上报警情到监控中心，辅助设备进行检修。

远程升级：支持远程自动升级功能，自动接收来自服务平台的升级指令完成软件升级，大大节省了维护成本。必要情况下，可借助本车载终端对车辆通过 CAN 协议进行软件升级。

远程启动（图 5.2）：当驾驶员没有携带智能钥匙时，可通过手机 APP 进行车辆解锁闭锁和启动车辆，可以远程控制车辆开启空调暖风等。

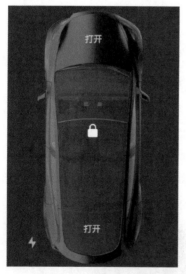

图 5.2　远程启动和控制功能示意图

信号采集（图 5.3）：远程监控终端会采集车上的所有控制信号和执行信号、行驶速度、加速信号、制动信号、电池信息、里程信息、电机信息等，并将其记录在 SD 卡内。同时数据也会通过 SIM 卡传输到厂家后台。

异常监测：在车辆发生故障情况下，如电池系统故障，那么 BMS 电池管理器会将故障信息发送到 CAN 通信网络，T-BOX 模块在 CAN 网络上采集到故障信息，并将故障信息通过 SIM 卡发送到厂家后台和手机 APP。

定位功能（图 5.4）：在模块内部或外部有配置 GPS 定位系统，可监测到车辆所在位置。

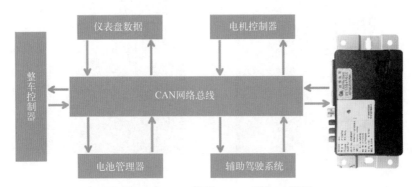

图 5.3　T-BOX 模块 CAN 采集示意图

图 5.4　车辆定位示意图

轨迹回放：当车辆行驶一段路程后下电，在 T-BOX 模块内部会记录行驶历程，在地图上显示此行驶距离和路线，可通过手机 APP 查看。

远程空调（图 5.5）：在驾驶员上车前，车辆需要提前降温或升温时，用户可使用手机 APP 控制车内空调启动。

远程充电（图 5.6）：远程充电为车辆定时充电功能，当用户需要在夜间进行充电时，可以根据需要定时充电。

图 5.5　远程空调开启示意图

图 5.6　远程充电定时控制示意图

## 5.3　远程监控传输与控制原理

　　如图 5.7 所示，远程终端模块采集车辆数据后，通过传输天线塔传到中央主机，在后台通过主机显示车辆的数据等信息。手机 APP 控制车辆时，数据通过网络传输到中央主机，再将信息传输到远程终端模块，模块通过 CAN 通信网络控制车辆。

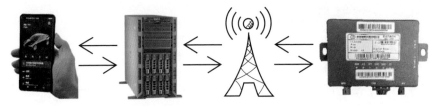

图 5.7　远程终端数据传输示意图

## 5.4 远程终端电路图

　　远程终端模块的线路接线方式比较少，一般由常电源正极、负极、钥匙ON挡电源、天线接线端子、GPS接线端子、CAN通信网络线路等组成，由于它主要用于记录整车数据信息，所以低压线路接线端子比较少（如图5.8中的北汽新能源EU5、图5.9中的众泰新能源E200）。当手机进行云端控制时，也是通过CAN通信唤醒后再进行车辆的控制。

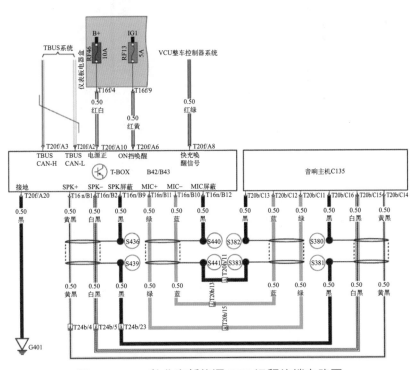

图 5.8　2020 款北汽新能源 EU5 远程终端电路图

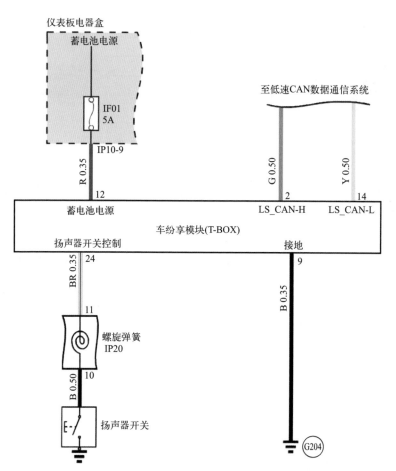

图 5.9　2016 款众泰新能源 E200 车纷享模块电路图

# 第6章

# 电机控制器系统

在各类电机驱动中，永磁同步电机具有响应速度快、惯性小、功率因数高、启动转矩大、能量密度高、体积小等优点，所以在新能源汽车中的驱动电机绝大部分都是永磁同步电机。

永磁同步电机内部主要由永磁体、转子铁芯、转子轴、三相绕线定子等结构组成，如图6.1所示。传统电动机的转子中间具有励磁线圈和电刷环，长时间使用后电刷磨损导致无法运转，存在很大缺陷和不便。而新能源汽车电动机上的电机则取消电刷环和励磁线圈，通过永磁转子再加上三相定子线圈

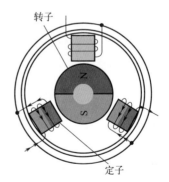

图6.1　永磁同步电机简易结构图

供电产生磁场推动转子旋转，改变三相定子的极性进行电机换相，从而使电机运行，结构简单，其工作时长可靠。

## 6.2 异步电机

异步电机又称感应电机，异步电机的种类有很多，有笼式、绕线式、深槽式等结构。异步电机结构简单、稳定性好、抗振动性能优越、制造成本低。其工作原理是通过气隙旋转磁场和转子的绕组形成感应电流，在相互作用下产生电磁推力，实现旋转。

异步电机内部由定子铁芯、定子绕组、转子绕组、转子铁芯与机座组成，如图 6.2 所示。交流异步电机没有永磁体，它的转子和定子都是靠通电才能产生磁场，使用的是三相交流电，所以线圈在定子内每 120°为一个单元，共三个单元，相互对称排列。三个独立绕组组合在一起形成一个 360°的圆柱形定子。定子产生的磁场中的"导体切割磁感线运动"，产生了感应电流，这个电流在旋转的磁场中又受到安培力的作用，使导体转动，这两个转动的叠加导致转子的转速和定子产生的磁场的速度不一样，也就是"异步"的意思。

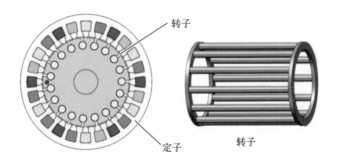

图 6.2　异步电机内部简易结构图

## 6.3 电机绕组方式与检测方法

在电动机中，无论是永磁同步电机还是异步电机或其他电机，电机的绕组接线方式都有星形和角形两种接法。接线的方式不同则电机的功率不同，它直接影响到功率的大小和汽车的续航能力。

（1）角形接法（图6.3）

角形接法为三个绕组头尾相连，形成三角形的样子。可以看出，UVW 三相供电电流直接进入一组线圈，然后就回到电源，可以知道电机绕组的电流较大，其磁场强度也大，电机的转矩也就大，消耗的电量也就随之增大。角形接法运用在新能源电动机上，虽然转矩和动力上更强劲，但是由于其工作电流大，温度上升快，绝缘要求高，故对车辆的续航会有较大影响，所以很多汽车厂家都不采用角形接法。

（2）星形接法（图6.4）

星形接法为三个绕组的末端连接在一起，成为一公共点 O，从始端 U、V、W 引出三条端线，这种接法称为"星形接法"，又称"Y 形接法"。可以看出，相同电压的电源供电给星形接法的电机时，由于电源电流流经两个绕组，相对角形接法电机而言，其电流减小，磁场强度也小，动力和转矩也小，消耗电量也就小。所以众多厂家采用星形接法电机。

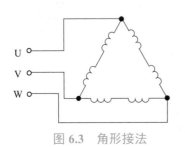

图 6.3 角形接法

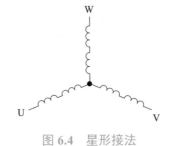

图 6.4 星形接法

## 6.4 电机绕组的检测方法

如图6.5所示，使用万用表电阻挡位，对三相绕组 U、V、W 三个极相测量，电机电阻一般都在 $1\Omega$ 以下，如图 6.5 中的测量电阻为 $0.1\Omega$，三相绕组数值一致，说明绕组正常，如数值出现无穷大或不一致时，证明绕组内部存在短路或者断路故障。

如图 6.6 所示，使用绝缘表对电机的三相绕组进行绝缘值检测，绝缘表黑表笔接电机外壳，红表笔接 U、V、W 三相电极，分别进行测量，绝缘电阻值一般为无穷大或者大于 $20M\Omega$，小于此数值则说明绕组内部出现绝缘故障。

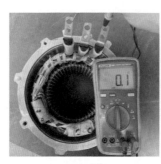  

(a) U/W相电阻　　　　　　(b) U/V相电阻　　　　　　(c) V/W相电阻

图 6.5　相电阻测量

(a) W相绝缘电阻值　　　　(b) V相绝缘电阻值　　　　(c) U相绝缘电阻值

图 6.6　相绝缘电阻值测量

## 6.5　旋转变压器传感器原理与检测方法

旋转变压器传感器（Resolver）又称同步解析器，简称旋变传感器，如图 6.7 所示，它是一种有源的电磁传感器，用来检测电机转子的角位移和角速度，也就是检测转子的磁极位置。

传感器由铁芯、三组线圈绕组绕制而成，三组线圈分别为"励磁、正弦、余弦"线圈，通常安装在电机的后端，电机的信号盘为一个不规则的半圆形状，如图 6.8 所示，检测电机磁场的角度作为驱动电机的必要的信号。

励磁线圈：励磁为传感器供电线，供电为交流电，由电机控制器提供。

S 正弦线圈：正弦为检测线圈，它和余弦配合提供电机角度或者位置。

C 余弦线圈：余弦为检测线圈，它和正弦配合提供电机角度或者位置。

励磁、正弦、余弦输出波形见图 6.9。

旋转变压器传感器和燃油汽车的发动机曲轴位置传感器工作原理相同。传感器为电机控制器提供电机角度和位置信息，正弦和余弦也是交流电输出，其角度两者刚刚相反。通过传感器提供的信息，电机控制器再进行计算，对电机进行控制，控制 IGBT 管的开启位置，使电机转动，周而复始。旋变传感器是驱动系统最主要的传感器之一，如传感器损坏则电机无法运转。旋变传感器也可用于计算汽车车速、里程表等信息。

图 6.7　旋变传感器安装示意图

图 6.8　电机信号盘示意图

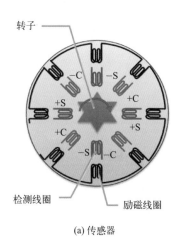

(a) 传感器

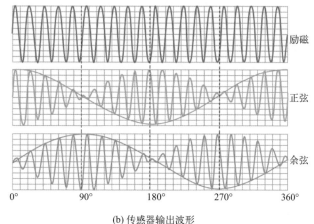

(b) 传感器输出波形

图 6.9　励磁、正弦、余弦输出波形

　　如图 6.10 所示，使用万用表电阻挡位，首先测量线圈电阻，励磁线圈电阻为 21.1Ω，正弦线圈电阻值为 53.3Ω，余弦线圈电阻值为 49.1Ω。测量时电阻值相差不大的是正弦和余弦，励磁线圈的电阻一般比正弦和余弦都要小。如出现阻值无穷大或相差很大的情况，说明传感器损坏。

编码器异常故障 / 电机旋变故障监测原理：当电机控制器处于上电时，电机控制器会向旋变传感器励磁线圈供电（交流电），正弦和余弦同时感应到电（交流电）。同时也会对线圈的电阻进行监测。当电机控制器在上电时检测不到线圈电阻和正弦余弦的交流电时，电机控制器就会报"编码器异常故障""电机旋变故障"（图 6.11），此时需要对电机的旋变传感器进行检查。

(a) 励磁线圈电阻值　　　　　　(b) 正弦线圈电阻值　　　　　　(c) 余弦线圈电阻值

图 6.10　线圈电阻值测量

| NO. | 故障编号 | 故障码内容 | 故障码状态 |
|---|---|---|---|
| 1 | P180007 | 编码器异常故障 | |
| 2 | P180004 | 电机旋变故障 | |

图 6.11　旋变传感器故障码示意图

## 6.6　电机温度传感器的原理与检测方法

我们都知道设备在长时间运转的时候常常会伴随热量产生，热量积累到一定的程度，很可能会产生危险，所以这个时候就需要对温度进行实时检测。而通过高温检测设备，就能够对电机运转过程中产生的温度进行检测，等温度达到一定程度以后就会预警。

在新能源汽车电机内部同样装有温度传感器，温度传感器为热敏电阻元件。负温度系数热敏电阻，随着温度的升高，电阻阻值降低。正温度系数热敏电阻，温度越高，电阻阻值越高。图 6.12 为不同类型的热敏电阻温度传感器。

温度传感器是在制造电机定子时，就将其一起绕在线圈内部。一般设计为两个传感器，如图 6.13 使用万用表测量温度传感器 1 电阻值为 43.4 kΩ，温度传感器

2 电阻值为 42.6kΩ。传感器的电阻随着温度的变化而变化，测量的电阻值若也是随着温度变化而变化的，则说明传感器正常。

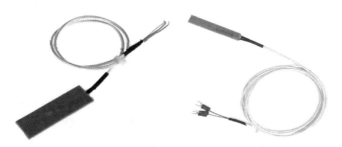

图 6.12　电机内部定子 PT 温度传感器

(a) 传感器1电阻值　　　　　　　　(b) 传感器2电阻值

图 6.13　传感器电阻值

　　电机过温故障 / 电机温度传感器断路故障（图 6.14）监测原理：电机控制器的温度传感器上拉电阻供电电压为 5V，内部上拉电阻连接外部电机温度传感器时，5V 供电与两个电阻进行分压，中间电压会随着电机温度传感器变化而变化，电压低温度高，电压高温度低。例如，拔掉插头时，5V 电脑板内部没有得到分压，直接为 5V 供电反馈时，电脑板就会以最高温度或最低温度显示，同时上报故障码"电机过温故障"。此时，需要检测电机控制器到电机之间的传感器线路和温度传感器电阻是否正常。

| NO. 故障编号 | 故障码内容 | | 故障码状态 |
|---|---|---|---|
| 电机控制器(MCU) | P180008 | 电机过温故障 | |
| 电机控制器(MCU) | P180015 | 电机温度传感器断路 | |

图 6.14　电机温度传感器故障码示意图

## 6.7 电机驱动 IGBT 场效应管控制

（1）电机控制器

电机控制器是驱动电机系统的控制核心部件，又称智能功率模块，由 IGBT（绝缘栅双极型晶体管）模块、驱动集成电路、主控制集成电路等组成，如图 6.15 所示。主控制板对所有的输入信号进行处理，并将驱动电机控制系统运行状态的信息通过 CAN 通信网络的方式发送给整车控制器和仪表进行显示。

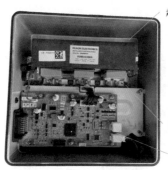

（a）电机控制器内部示意图　　　　　（b）特斯拉控制器内部示意图

图 6.15　电机控制器

电机控制器是汽车行驶最重要的部件也是最复杂的部件，所以对电机控制器的要求也比较高，要具备瞬时大功率放电能力，以满足车辆加速和爬坡的需求，应有变频调速范围广泛、功率密度高、快速转矩响应、控制精度高、可靠性高、安全稳定等特征。

（2）IGBT 内部结构图

IGBT 内部结构及电器符号如图 6.16 所示。

N 沟道增强型绝缘栅双极晶体管结构，N+ 区称为源区，附于其上的电极称为源极（即发射极 E）。N 基极称为漏区。器件的控制区为栅区，附于其上的电极称为栅极（即门极 G）。沟道在紧靠栅区边界形成。在 C、E 两极之间的 P 型区（包括 P+ 和 P-区，沟道在该区域形成），称为亚沟道区（Subchannel Region）。而在漏区另一侧的 P+ 区称为漏注入区（Drain Injector），它是 IGBT 特有的功能区，与漏区和亚沟道区一起形成 PNP 双极晶体管，起发射极的作用，向漏极注入空穴，进行导电调制，以降低器件的通态电压。附于漏注入区上的电极称为漏极（即集电极 C）。

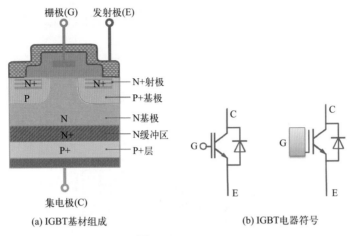

图 6.16　IGBT

简单来说，在正常偏置电压基础上，基极 G 加正电，漏极 C 端电压电流将流向源极 E，当基极 G 加负电时，漏极 C 和源极 E 不导通，呈现断路状态，工作原理与普通三极管一样，可以简单理解为是一个电子开关。

（3）电动汽车的电驱系统

电动汽车的电驱系统主要包括动力输出驱动电机、电能变频器（逆变器）和传感器。

电机系统工作原理如图 6.17 所示。当电机工作时，电机控制器检测电机温度是否正常、旋变传感器工作是否正常，无异常后，动力电池高压直流输入，通过 IGBT 功率模块，根据旋变传感器的位置信号和角度打开 IGBT 模块，将高压直流电转化成三相交流电（DC/AC），输出给电机，将电能转换为机械能，通过传动装置传递到车轮，驱动车辆行驶。

电机控制器通过 IGBT 场效应管控制电机得到三相交流电，在 IGBT 开启时使用的是数字信号，高低电平，如图 6.18 所示。但是电机存在感抗，并且 IGBT 控制的速度和感抗的强度成直接关系，因此，在特定频率控制下，等于三相交流电输入到电机。

（4）电机控制器之放电电阻

在车辆行驶完后，车辆进行高压下电，电机控制器也随之下电。由于电机控制器内部有高压存储电容，故在下电后控制器内部仍然存在高压电，如果维修人员不注意进行拆卸就会存在高压危险。此时，在高压电源两侧安装放电电阻，下电时高压电容的电就流向放电电阻（图 6.19 中浅蓝色电流流向），以起到保护安全作用。

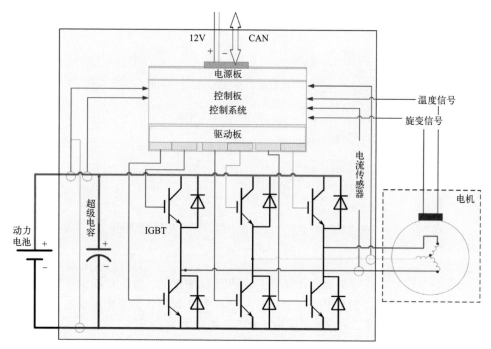

图 6.17  电机系统工作原理示意图

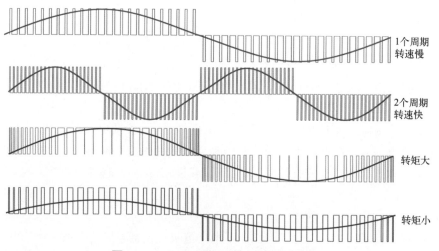

图 6.18  IGBT PWM 控制波形示意图

　　放电电阻安装在电机控制器内部（图 6.20），一般是金属外壳或水泥类型的电阻。电阻值一般都比较大，如测量值无穷大或电阻较小时，说明电阻已损坏（图 6.21）。

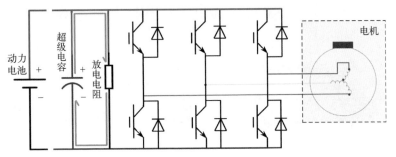

图 6.19　放电电阻示意图

图 6.20　电阻安装位置

图 6.21　损坏的放电电阻

（5）电机控制器之超级电容

如图 6.22 所示，当车辆需要急加速时，动力电池（浅蓝色电流图）放电电流速度有限，不能给电机提供快速电流。此时，超级电容会对电流进行补偿（绿色电流图），提供动力电流。

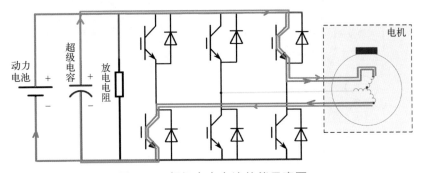

图 6.22　超级电容电流补偿示意图

在车辆减速时或制动时，电机为发电状态，产生的电流也流经超级电容，超级电容呈现滤波功能，减少高压电源的杂波和峰值电压等。

超级电容是每个电机控制器内部都有的一个元件，外观形状各有不同（图6.23），电容的容量一般都比较大，为 350 ～ 1000μF。

图 6.23　超级电容实物图

## 6.8　电机能量回收控制原理

（1）新能源汽车的能量回收

新能源汽车的能量回收模式主要有两种：制动回收和滑行回收。两者的不同之处就在于是否踩下了制动踏板。顾名思义，通过踩制动踏板实现能量回收的就是制动回收，靠松开加速踏板滑行实现能量回收则叫作滑行回收。

如图6.24所示，新能源汽车能量回收是将车辆减速时或者制动时的动能转化为电能，电机转子与定子磁场切割，使驱动电机变为发电机，回收电能到动力电池包将电能存储起来，而不是摩擦浪费掉，这相当于增加了车辆续航。

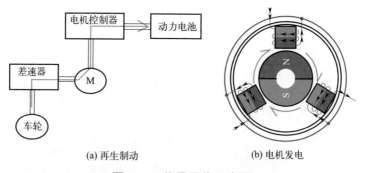

(a) 再生制动　　　　　　　(b) 电机发电

图 6.24　能量回收示意图

纯电动汽车能量回收主要部件有加速踏板、制动踏板、电机、IGBT 逆变器、电机控制器、整车控制器、电池、电池管理器、传感器等。

当车辆减速或者制动时，控制器不向电机供电，由电机转子与定子磁场切割而发电，发电为三相交流电。发电电流流向 IGBT 功率模块，功率模块内部配有整流二极管，电流流经整流二极管（图 6.25 中的浅蓝色与黑色电流流向），对动力电池进行充电，将能量存储起来。超级电容会对不规则的电压和峰值进行滤波处理（图 6.25 中的橙色电流流向），使电路更加稳定可靠。

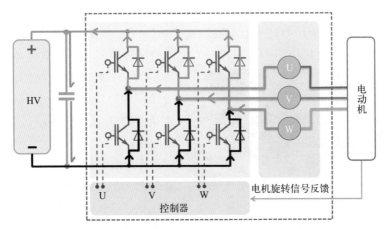

图 6.25　电机能量回收示意图

（2）能量回收关闭控制

当车辆出现故障时，如动力电池出现压差故障、温差故障等，此时动力电池将不能进行充电，同时禁用快充和慢充。通过 CAN 通信网络发送指令到电机控制器，让电机控制器不再进行能量回收。用户也可自行关闭该功能。

当能量回收功能关闭时，电机控制器将根据旋变传感器反馈的电机角度位置打开 IGBT 功率管，如图 6.26（a）所示；打开时电机定子的磁场方向与转子的磁场方向相同，N 极和 S 极对立旋转，如图 6.26（b）所示。此时，由于 NS 极没有进行磁场切割，电机停止发电，能量回收功能关闭。

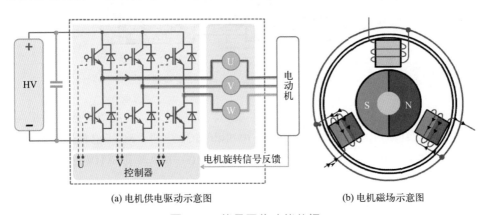

(a) 电机供电驱动示意图　　　　(b) 电机磁场示意图

图 6.26　能量回收功能关闭

115

## 6.9 丰田增压与降压转换器工作原理

丰田汽车的混合动力逆变器总成集成了 MG-ECU 控制逆变器、增压转换器，逆变器（IGBT 模块）用于产生三相交流电，增压转换器将动力电池电压进行升

压，DC/DC 转换器将动力电池电压进行降压为直流电 12V 电瓶进行充电。逆变器总成安装于发动机舱左前方，如图 6.27 所示。

丰田汽车的混合动力电池电压和容量都比较低，基本电压在 201～244V，增压转换器（图 6.28）可将 201V 或

图 6.27　逆变器总成安装位置示意图

244V 电压升至最高 650V 电压。根据电功率＝电压×电流，升高电压可使功率升高，同时在相同条件若降低电流，那么在电机内部绕组的发热量就减小。

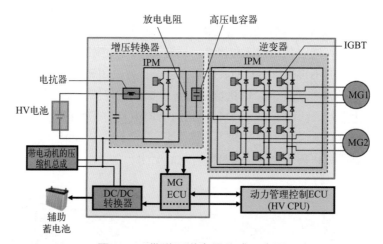

图 6.28　带增压逆变器总成示意图

丰田电机控制器总成内部除增加了增压转换器以外，其他与普通车型相同，另外使用双 IPM 驱动桥同时驱动 MG1 电机和 MG2 电机。MG1 电机用于发动机启动，在 HV 蓄电池电量低时，由发动机带动 MG1 电机转动向 HV 蓄电池充电。MG2 电机用于驱动车辆行驶。

当增压转换器工作时，HV 蓄电池电流流经电感（电抗器），通过下方的 IGBT 管使电流回到 HV 蓄电池负极，电感产生磁场，电感极性左正右负，如图 6.29 所

示。当 IGBT 管关断时，电感呈现反向电动势，电感极性右正左负，此时电感内部产生电，相当于一个电池，与 HV 蓄电池呈串联状态向存储电容进行充电，如图 6.30 所示。IGBT 管不断进行控制，电容处就会有最高 650V 的高压电提供给 MG1 和 MG2 电机使用。

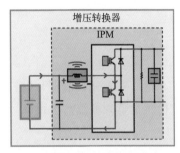

图 6.29 电感升压示意图

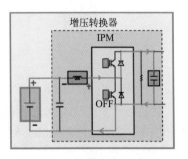

图 6.30 电容充电示意图

当车辆进行减速或者制动时，MG1 或 MG2 电机发电，此时电流流经 IGBT 整流二极管再到增压转换器上，IGBT 管打开，电流流到电抗器（电感），此时电感呈现滤波作用，随后向 HV 蓄电池进行充电（图 6.31 中的红色电流流向）。

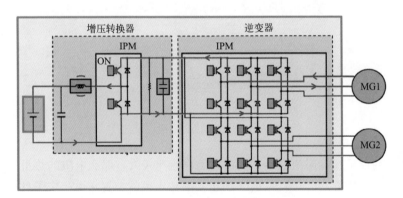

图 6.31 增压转换器降压示意图

## 6.10 电机散热系统

新能源汽车驱动系统由驱动电机、电机控制器、散热水箱、散热管道、循环水泵构成，在长时间的工作中，电机和电机控制器都会产生很大热量，这时就需要散热系统来对电机和控制器进行降温，以保证长时间的运转正常和稳定。新能源汽车电机与控制器散热水道示意图如图 6.32 所示。

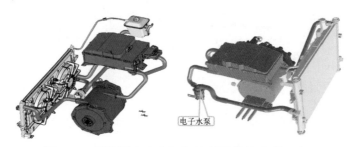

图 6.32　新能源汽车电机与控制器散热水道示意图

　　如图 6.33 所示，电动汽车电机散热采用水冷。在电机控制器与电机之间布置冷却水道，由电动水泵将冷却水进行循环，把热量带到散热器进行散热。该冷却系统与传统燃油车发动机散热系统类似。

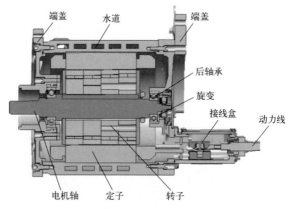

图 6.33　电机内部水道布局示意图

　　电机的定子线圈阻值很小，其通过的电流比较大，那么电机的热量基本都是由三相定子线圈所发出，如图 6.34 所示，散热水道就布置在电机定子外壳处，采用多孔式铝制设计，可有效降低电机的温度。

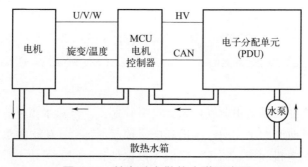

图 6.34　某电动车散热水道示意图

以北汽 EX200 驱动电机系统为例,介绍温度保护参数设置情况。

当控制器监测到驱动电机温度传感器显示 45℃≤温度＜50℃时,冷却风扇低速启动,电子水泵启动;温度≥50℃时,冷却风扇高速启动;温度降至40℃时,冷却风扇停止工作。

当控制器监测到散热基板温度≥75℃时,电子水泵启动,冷却风扇低速启动;温度≥80℃时,冷却风扇高速启动;温度降至 75℃以下,冷却风扇停止工作。

## 6.11 电机控制系统电路图

新能源汽车电机控制器系统电路基本上都是大同小异,如图 6.35 所示,都是由温度传感器、旋变传感器、电机高压开盖检测等组成。通过 CAN 通信网络来进行控制,由 VCU 整车控制器监测挡位信息和加速踏板信息,并发送指令到电机控制器,从而驱动车辆行驶。

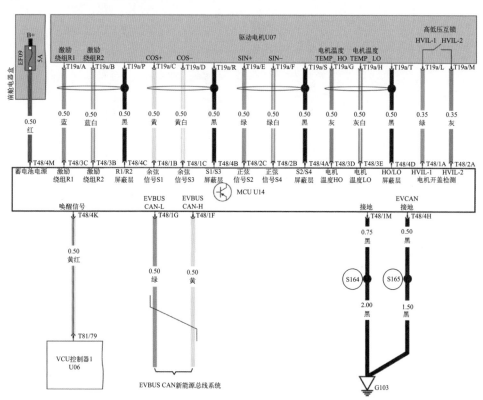

图 6.35　北汽新能源 EC3 电机控制器系统电路图

## 6.12 电机控制器过温 IGBT 故障码分析

IGBT 过温报警 - 过温故障（图 6.36）监测原理：IGBT 是电机控制器的功率驱动核心元件，也是控制电机电流的主要元件，IGBT 就如一个电子开关一样，内部设置了温度热敏电阻，监测 IGBT 的工作温度。正常 IGBT 的工作温度在 40 ～ 80℃之间，如高过设定温度且没有及时进行散热，那么将会损坏 IGBT。此时电机控制器就会对 IGBT 进行停机保护，不进行工作，并上报"IGBT 过温报警 - 过温"故障。此时需要对电机控制器散热系统进行检测。

| NO. 故障编号 | 故障码内容 | | 故障码状态 |
| --- | --- | --- | --- |
| 电机控制系统(MCU) | P0A3C4B | IGBT过温报警 - 过温 | |

图 6.36　IGBT 过温故障码示意图

# 第7章

## DC/DC 转换器

### 7.1 DC/DC 转换器概述

DC/DC 转换器即直流 / 直流转换器（DC 是直流的意思，AC 是交流的意思）。DC/DC 转换器主要起斩波器的调压作用，斩波器是一种将输入的直流电压以一定的频率通断，从而改变输出的平均电压的变换器，在电动汽车上是指直流对直流的转换器。

如图 7.1 所示，传统发动机汽车上的电源系统由蓄电池和发电机组成，发电机是由发动机驱动发电。发电机正常工作时可以给蓄电池充电。纯电动汽车没有发动机，混合动力汽车发动机不需要一直工作，因此，不能用发电机给低压蓄电池供电。同时，车辆上除高压系统以外，所有的用电设备和控制器（包括高压系统控制器）均由低压蓄电池供电。因此，需要 DC/DC 变换器对低压蓄电池充电。

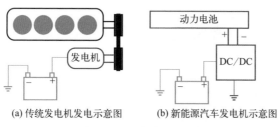

   (a) 传统发电机发电示意图   (b) 新能源汽车发电机示意图

**图 7.1　汽车电源系统**

## 7.2 DC/DC 转换器内部降压原理

DC/DC 转换器采用降压斩波电路，工作原理如图 7.2 所示。斩波电路分为 DC/AC、变压器、整流二极管和滤波电路四个部分。DC/AC 部分采用高频电路交替控制 4 个绝缘栅晶体管（IGBT）的导通和截止，将高压直流电 300V 逆变成高压高频的交流电，其频率和占空比由高频电路的频率和控制绝缘栅晶体管的导通时间决定。该交流电经过高频变压器的降压后由原来高频高压交流电转变成高频低压交流电，经过二极管的整流和电容器的滤波，高频低压交流电转换成低压直流电 14V，给整车和辅助蓄电池供电。

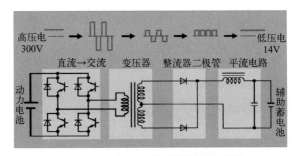

图 7.2　DC/DC 转换器降压示意图

## 7.3 DC/DC 转换器实物

DC/DC 转换器早期都是单体式［图 7.3（a）］，随着科技的进步，现在的新能源纯电动汽车高压控制器基本都是集成式的，如图 7.3（b）所示，将 DC/DC 转换

(a) 单体式DC/DC转换器

(b) 集成式OBC/DC转换器

图 7.3　DC/DC 转换器

器与 OBC 车载充电机集成在一起作为一个控制器，那么这个控制器就具备 DC 发电功能和交流慢充功能，在一定程度上节省了车辆的占位空间和成本。也有许多厂家将电机控制器、DC/DC 转换器、OBC 车载充电机、高压配电箱等集成为一个控制器（简称 PEU 四合一控制器）。

## 7.4 DC/DC 控制电路

（1）硬线控制式 DC/DC 转换器电路

图 7.4 为 DC/DC 转换器单体式低压线路电路图，可以看出该 DC/DC 转换器由整车控制器 VCU 使用"硬线"进行控制，发生故障时会通过一根信号线向仪表和整车控制器进行反馈。互锁线由 DC/DC 转换器进入后直接接地反馈互锁状态信号。该控制器设计比较简单，容易诊断和维修。

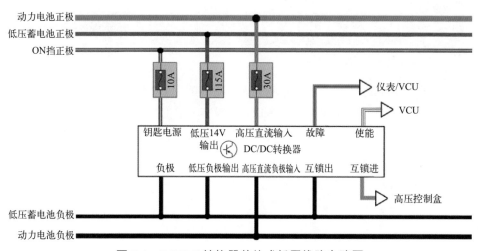

图 7.4　DC/DC 转换器单体式低压线路电路图

（2）CAN 通信控制式 DC/DC 转换器

图 7.5 为 DC/DC 转换器 CAN 通信控制式低压接线电路图，CAN 通信控制在硬线控制的基础上要更加智能和稳定，可以通过 CAN 通信的数据进行输出大小电流的调节、故障反馈、电流反馈等。可通过解码器对 DC/DC 系统进行诊断。该款 DC/DC 转换器 14V 输出也是该转换器的输入，如低压 14V 输出前保险丝熔断，那么 DC/DC 转换器将无法进行通信和工作。

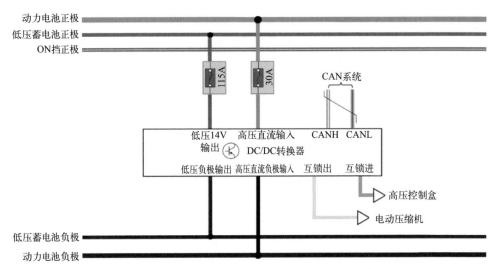

图 7.5　DC/DC 转换器 CAN 通信控制式低压接线电路图

## 7.5　DC/DC 转换器故障码监测原理讲解

降压时硬件故障（图 7.6）监测原理：此故障为 DC/DC 转换器内部故障，当 DC/DC 主控制板向低压硬件执行控制时，并没有输出 12V 电压或控制异常，DC/DC 转换器就会报"降压时硬件故障"，需要对 DC/DC 转换器内部进行检修或更换。

| NO. | 故障编号 | 故障码内容 | 故障码状态 |
|---|---|---|---|
| 1 | Q P1EC700 | 降压时硬件故障 | |

图 7.6　降压时硬件故障

电池管理器与 DC 通信故障（图 7.7）监测原理：通信丢失和节点丢失都表示通信失败，当电池管理器或者 VCU 整车控制器在 1000ms 内没有收到 DC/DC 转换器的 CAN 数据自报信息时，那么就会报"与 DC/DC 通信丢失"故障，需要对 DC/DC 转换器的 CAN 线进行检测或对 DC/DC 转换器供电接地进行检测。

| NO. | 故障编号 | 故障码内容 | 故障码状态 |
|---|---|---|---|
| 9 | Q U029800 | 电池管理器与DC(直流)通信故障 | 当前故障 |

图 7.7　电池管理器与 DC 通信故障

# 第8章

## 高压配电箱

新能源纯电动汽车高压配电箱又称高压配电盒或 HV 配电盒，它就相当于燃油汽车的保险丝盒，将蓄电池的电源经过保险丝分配到各个用电设备。高压配电箱也是如此，它是将动力电池的电源分配（内部设有高压熔断器）到高压用电器。

从图 8.1 中可以看出，中间的为高压配电箱，左边的是 DC/DC 转换器和 OBC 车载充电机的集成控制器，右边的是 MCU 电机控制器。很多人不知道如何分辨高压控制器，如高压配电箱。高压配电箱是所有高压用电器的"必经之路"，只要是高压用电器都会经过高压配电箱，那么在高压配电箱上就会有很多的高压插头，所以高压插头最多的就是"高压配电箱"。

图 8.2 为 2018 款江铃 E400 高压配电箱内部接触器和熔断器分配示意图，动力电池电源最高达 650V 直流电，瞬间放电电流可达 500A 以上，这样的电流如果出现短路现象将非常危险。因此，高压配电箱的作用就是防止高压用电器过流，并进行统一保护措施。

高压配电箱

电机控制器

DC/OBC

图 8.1　江铃 E400 前机舱示意图

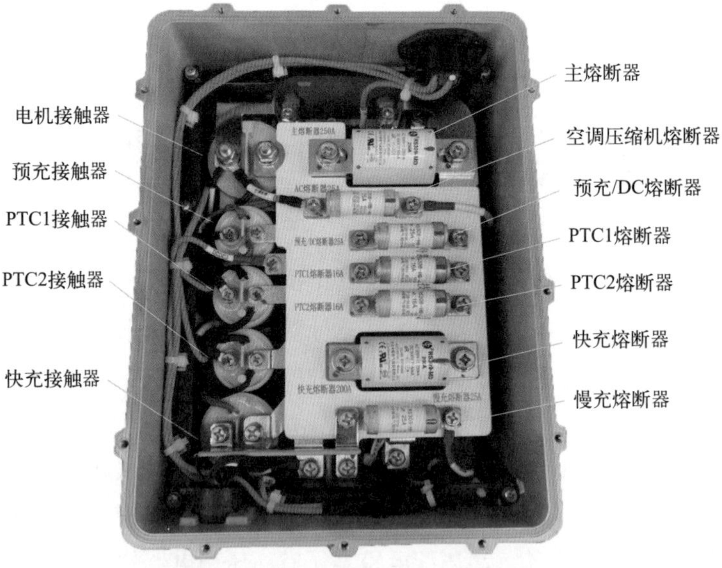

主熔断器

空调压缩机熔断器

预充/DC熔断器

PTC1熔断器

PTC2熔断器

快充熔断器

慢充熔断器

电机接触器

预充接触器

PTC1接触器

PTC2接触器

快充接触器

图 8.2　高压配电箱内部示意图

## 8.2　高压配电箱检修

　　高压配电箱内部都设置了熔断器、连接器、接触器等线路。当发生过流时熔断器和接触器都有可能损坏。接下来介绍高压配电箱最常见的故障现象和维修诊断方法。

高压熔断器的检测方法比较简单，使用万用表蜂鸣挡或者电阻挡测量熔断器两端，如熔断器导通或者电阻接近 0Ω，则熔断器正常，如图 8.3（a）所示。如熔断器电阻超出无穷大或者不导通，就说明熔断器已经熔断损坏，如图 8.3（b）所示。

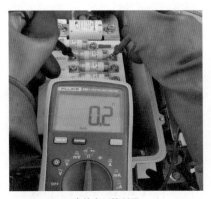

(a) 正常的高压熔断器　　　　　　　　(b) 损坏的高压熔断器

图 8.3　高压熔断器

高压接触器（图 8.4）是高压系统电源主要的隔离和分离接触器，它的工作原理与"普通四角继电器"一样，由两条低压 12V 线圈供电来控制高压触点吸合和断开。一般高压接触器损坏的原因都是高压电流过大引起"接触点烧结"，如图 8.4（b）所示，使接触器无法通过 12V 低压线圈进行控制。同时特殊情况下需要对线圈进行加电测试触点是否正常，可通过万用表测量线圈的阻值判断是否损坏、通电是否吸合等。

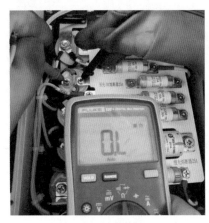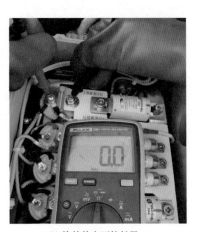

(a) 正常的高压接触器　　　　　　　　(b) 烧结的高压接触器

图 8.4　高压接触器

## 8.3　高压配电系统电路

高压配电系统的作用是将动力电池电源进行分配和保护。早期车型高压配电箱都是独立设计。由于科技的不断进步和发展，现在的大多数车型将高压配电箱、DC/DC转换器、OBC车载充电机集成在一起，可以减少空间浪费和成本。

某新能源汽车高压配电系统示意图如图8.5所示。

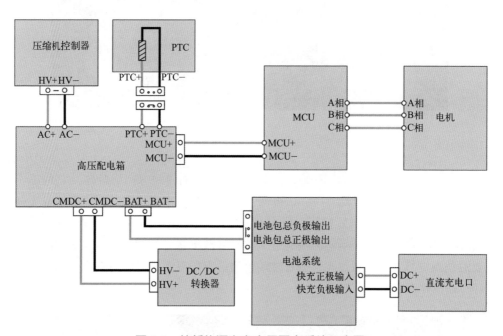

图8.5　某新能源汽车高压配电系统示意图

# 第9章

# 车载充电机 / 慢充系统

　　纯电动汽车车载充电机是安装在电动汽车上的一个充电装置，采用地面交流电网和车载电源对动力电池组进行充电。车载充电机结构简单，几乎所有的纯电动汽车都安装有车载充电机（特色车型除外）和控制方便的接触式充电器，其完全按照车辆动力电池的种类和电压进行设计，针对性较强。

## 9.1　慢充口定义

　　新能源纯电动汽车慢充口定义如图 9.1 所示。

　　不同车型的充电口安装位置有所不同，一般安装在右后侧、左后侧、后备厢盖、前中网、前雾灯、左前翼子板、右前翼子板等位置。每辆纯电动汽车的慢充口都是一样的。充电口上方有锁止装置，车辆插上充电枪后，锁止不能拔出（需要车辆钥匙解锁后方可拔出）。有的车型配有充电指示灯。交流 L2 和 L3 为后期三相四线充电方式所预留。

　　慢充系统充电连接示意图如图 9.2 所示。在慢充电枪侧 CP 控制线是 12V 信号电压，CC 为 0V 电压。车端充电口连接车载充电机，车载 CP 端为 0V，CC 端为3V、5V 或 12V 信号电压，CC 为充电枪连接确认信号。当 CC 信号电压变低时证明充电枪已连接，仪表充电指示灯点亮。CP 端为 PWM 信号占空比充电控制信号。当充电枪和车载充电机连接上有信号时，充电枪内部接通 K1 和 K2 接触器，交流电输出到车载充电机端。车载充电机进行整流、升压、逆变、滤波后向动力电池充电。当动力电池充满电时，车载充电机通过 CP 信号控制充电枪停止输出交流电，充电结束。

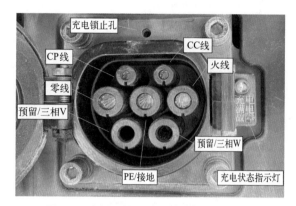

图 9.1　新能源纯电动汽车慢充口定义

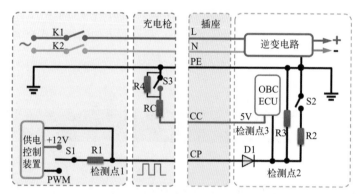

图 9.2　慢充系统充电连接示意图

## 9.2　车载充电机实物

车载充电机（图 9.3）一般安装在前机舱内，早期为单个独立车载充电机，现在大部分的车载充电机都已经和其他高压控制器进行了集成，这样节省了空间也降低了制造成本，但同时增加了维修费用和更换的费用。

(a) 车载充电机与DC/DC二合一

(b) 独立式车载充电机

图 9.3　车载充电机

## 9.3　车载充电机内部原理

车载充电机内部实物如图 9.4 所示。

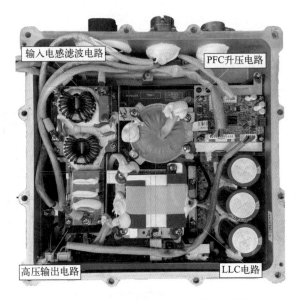

图 9.4　车载充电机内部实物示意图

单向 OBC 车载充电机原理如图 9.5 所示。首先 220V 交流电输入到车载充电机，由电感进行滤波；然后输入到桥式整流二极管，整流为直流电；接着到达 PFC 升压电路。场效应管不断控制电感进行接地产生反向电动势升压，通过二极管存储到电容内，电容存储电压为高压直流电，高压直流电为 LLC 谐振电路供电，4 个场效应管控制隔离变压的通电顺序，让变压器产生交流电。同时，另一侧的变

131

压器线圈也感应到电，感应电为交流电，与场效应管控制侧为隔离状态，通过二极管整流为高压直流电 400V，随后再向动力电池包进行充电。

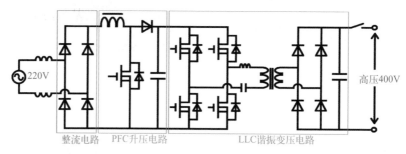

图 9.5　单向 OBC 车载充电机原理示意图

随着新能源纯电动汽车越来越智能化，充电口 220V 交流电可以向动力电池充电，动力电池的电源也可以向外界输出 220V 交流电，即双向充电。这其中的功能实现都是由车载充电机来完成的。如图 9.6 所示，双向 B-OBC 车载充电机内部电路同样是由场效应管构成，在动力电池侧的场效应管工作时产生交流电，充电机侧的变压器感应到电，充电机侧场效应管二极管进行整流变成直流电，再由最左侧的场效应管进行定频，再次交替导通，从而产生 220 交流电向外输出。

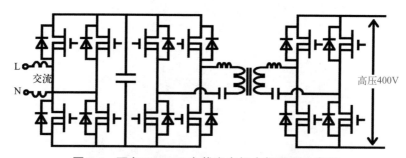

图 9.6　双向 B-OBC 车载充电机内部原理示意图

## 9.4　车载充电机第一种唤醒方式

某新能源汽车交流唤醒方式如图 9.7 所示。当慢充口充电枪插入时，充电枪自带 12V 电源，12V 电压到达 BMS 电池管理器，电池管理器内部硬件电路已默认固定功率，拉低 CP 电压让充电枪控制器输出 L 火线和 N 零线，交流电就到达车载充电机，充电机将交流电输入整流为直流电，向充电控制供电继电器提供 12V

电源和接地，继电器闭合，仪表、整车控制器等整车用电器得到供电，BMS 监测 CP 充电枪的最大支持功率，通过 CAN 将数据发送到车载充电机让其工作，闭合高压充电接触器，动力电池进行充电。

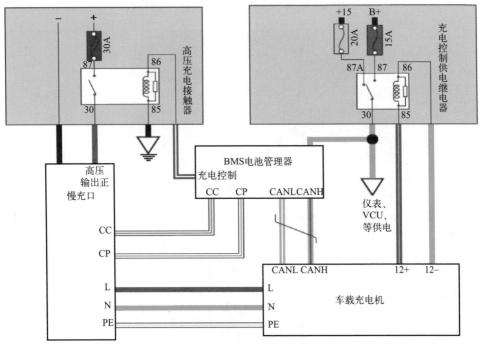

图 9.7　某新能源汽车交流唤醒方式示意图

## 9.5　车载充电机第二种唤醒方式

第二种充电唤醒方式由"CC 端子"信号进行触发，整车进入休眠状态时充电机内部仍有非常小的电流来保证 CC 端子的电压，触发时充电机会被唤醒进入工作状态。

如图 9.8 所示，当车辆关闭点火开关拔出钥匙后，车辆会进入休眠状态，但车载充电机的 CC 端子仍然有电压存在。此电压为车载充电机监测充电枪是否插上的监测电压，根据车型的不同电压有所不同，一般 12V 和 5V 监测电压居多。当充电枪插入时，充电枪内部电阻会拉低 CC 端子电压，12V 会变到 0V，这个 0V 的电压就会唤醒车载充电机。此时，车载充电机进入工作状态。

某新能源汽车 CC 唤醒方式如图 9.9 所示。当慢充枪插入时，CC 端子 12V 电压被拉低，车载充电机进入工作状态，首先进行慢充唤醒，发出 12V 电压，唤醒

VCU 整车控制器、仪表、BMS 等。VCU 会再次监测 CC 端子信号判断充电枪是否插好，再将信号发送到仪表进行"充电指示灯"点亮，唤醒后模块与模块之间进行 CAN 通信数据交换，判断车辆无高压故障、电池管理器无故障等，车载充电机就开始对动力电池进行充电。如有故障则充电停止并报故障。

(a) 关闭点火开关拔出钥匙示意图

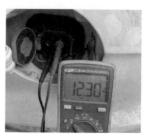
(b) 测量CC端子电压示意图

图 9.8　车辆会进入休眠状态

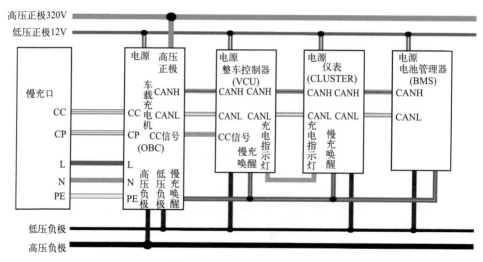

图 9.9　某新能源汽车 CC 唤醒方式示意图

## 9.6　车载充电机第三种唤醒方式

第三种唤醒方式与第二种唤醒方式有所不同，第三种唤醒方式的 CC 端子在关闭钥匙开关的情况下没有监测电压，车载充电机在休眠状态下，那么它是靠什么来唤醒的呢？

当车辆和车载充电机在休眠情况下，此时所有慢充端子不带电，而当需要充电时充电枪的 CP 端子是带 12V 电压的（图 9.10），插充电枪时靠充电枪的 CP 端子电压输入到车载充电机，充电机接收到 CP 的 12V 电压即被唤醒，车载充电机进入工作状态。

(a) 测量CC端子无电压示意图　　　(b) 慢充枪CP端子电压示意图

图 9.10　CC 端子和 CP 端子电压

某新能源汽车 CP 唤醒方式如图 9.11 所示。当慢充枪插入时，慢充枪的 CP 端子电压 12V 输入到三合一控制器，三合一控制器被唤醒，通过 CP 端子确认充电枪最大功率，通过 CC 端子监测充电枪是否插好，通过 T1 和 T2（充电口温度传感器）检测接口温度是否正常，锁住充电枪以防止意外拔枪。通过 CAN 通信网络进行各个模块的唤醒，其他模块唤醒后进行故障检测，发送数据到仪表，充电连接指示灯点亮。动力电池和其他高压系统无故障时，车载充电机进入充电状态，有故障则充电停止。

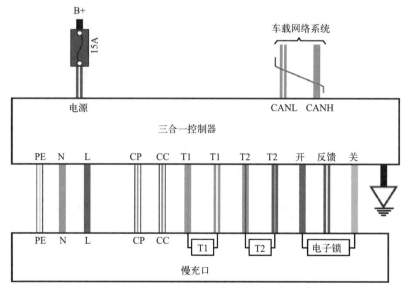

图 9.11　某新能源汽车 CP 唤醒方式示意图

## 9.7 慢充系统故障

慢充系统故障码如图 9.12 所示。

| 故障码 | 描述 | 状态 |
| --- | --- | --- |
| P168600 | 慢充回路异常 | 历史故障码 |
| P224016 | 输入电压过低关机 | 历史故障码 |

图 9.12 慢充系统故障码示意图

（1）慢充回路异常故障监测原理

当 OBC 车载充电机启动充电时，充电机输出高压电，BMS 电池管理器吸合慢充接触器进行慢充。当 BMS 吸合慢充接触器后，充电电机输出高压电，和动力电池的正负极进行连接，开始充电。动力电池监测到有电流流过，是因为充电机的正负极和动力电池的正负极构成回路。当动力电池吸合慢充接触器后，没有检测到电流流过，BMS 电池管理器就报故障"慢充回路异常"，因为没有电流流过就没有构成回路。

输入电压过低关机故障监测原理：当充电器插入时，CC 和 CP 信号已经到达车载充电机，充电机在和充电器（CP）确认功率时，充电器输出 220V 交流电，若此时充电机没有得到 220V 的供电，慢充机就会报故障"输入电压过低关机"。此时，应检测 220V 交流输入是否存在故障。

（2）充电口过温/充电口高温三级报警故障（图 9.13）监测原理

在慢充口内部 L 端子和 N 端子设置了温度热敏电阻（快充口也同样设置了温度热敏电阻），在充电时如果充电口出现虚接现象，会导致充电口发烫，甚至烧融充电口。当发热量达到一定值时，慢充机就会停止充电，防止充电口高温烧融、出现危险，同时报故障"充电口过温"或"充电口高温三级报警"。此时需要检测充电口是否虚接和温度电阻是否正常。

| NO. | 故障编号 | 故障码内容 | 故障码状态 |
| --- | --- | --- | --- |
| 1 | P159B22 | 充电口过温 | |
| 2 | P131400 | 充电口高温三级报警 | |

图 9.13 充电口过温故障码示意图

# 第10章

# 快充系统

快充系统顾名思义是对新能源纯电动汽车进行快速充电的系统。快充时电流不通过车载充电机，而是直流充电桩直接输出直流电给动力电池进行充电，功率较大，电流较大，充电功率为 60～200kW。充电时间较快，便利性好。直流充电桩一般安装在较大和宽阔的场所。

## 10.1 快充口定义

新能源纯电动汽车快充口定义如图 10.1 所示。

S＋：CAN H 通信线 2.5V

S－：CAN L 通信线 2.5V

CC1：直流充电枪检测是否插好端子

CC2：车端检测充电枪是否插好端子

DC＋：直流高压充电正极端子

DC－：直流高压充电负极端子

A＋：低压唤醒正极 12V

A－：低压唤醒负极 0V

PE：接地

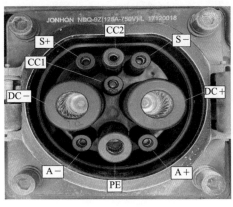

图 10.1 新能源纯电动汽车快充口
定义示意图

快充是直流充电，每辆新能源汽车的快充接口都是一致的（除特殊车型外）。其实快充系统和慢充系统相似，慢充的车载充电机是装在车上，快充机是装在电网处，直流充电桩内部就相当于充电机，且这个充电机的功率要比车载充电机的功率大，直流充电桩也是交流电网供应，所以从原理上车载充电机和快充桩原理一致。直流充电系统维修相对比较简单。

## 10.2　快充系统电路图与充电流程

新能源纯电动汽车直流充电电路如图 10.2 所示。

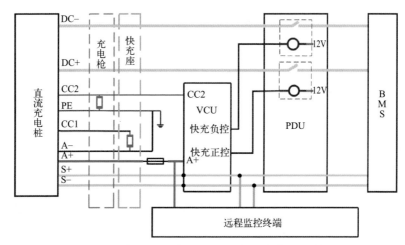

图 10.2　新能源纯电动汽车直流充电电路示意图

快充充电流程：

① 直流充电枪的 CC1 为正上拉电源，5V 或 12V，插入后电压被车端 1kΩ 电阻拉低为 0V，此时直流充电桩检测到已插枪。

② 从 A+ 和 A- 输出 12V 电源到快充座端，A- 和 PE 车端接地相连，A+ 输入到整车控制器，整车控制器被唤醒。

③ 整车控制器通过 CC2 输出 5V 或 12V 上拉监测电压，监测快充枪是否连接，在充电枪端有 1kΩ 电阻拉低 CC2 电压为 0V，表示充电枪已连接。

④ 直流充电桩通过 S+ 和 S- 和车端 VCU、BMS 进行通信，获取电池管理器的充电信息、动力电池当前电压、最大支持电压、最大支持电流、当前 SOC 值、最高单体电压、最低单体电压、最高单体温度、最低单体温度、电池系统是否有故障等信息。

⑤ 直流充电桩根据电池管理器提供的信息在内部调配电压和电流，随后对动力电池进行充电。

⑥ 整车控制器接收到电池管理器的充电请求后，提供硬线控制方式，闭合PDU控制器内部的快充负极接触器和快充正极接触器。

## 10.3 快充系统第一种唤醒方式

A+ 和 A- 是标准的唤醒方式，大部分车型都使用此类唤醒方式。如图 10.3 所示，某车辆 A+ 和 A- 是由保险丝和一个继电器来完成。当车辆插枪时，直流充电桩的 A+ 和 A- 输出 12V 直流电源到快充唤醒继电器，继电器吸合后 30 和 87 端接通，VCU 整车控制器连接电源，唤醒车辆其他模块进入工作状态。

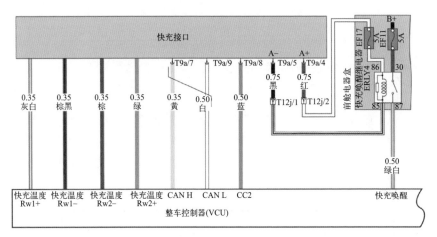

图 10.3　某新能源汽车 A+、A- 唤醒方式示意图

## 10.4 快充系统第二种唤醒方式

新能源纯电动汽车快充系统第二种唤醒方式是通信唤醒。该方式中 A+ 和 A- 低压辅助电源没有被使用。在整车进入休眠状态时，PDM 电源模块的快充 CAN 通信网络仍然存在电压，可通过万用表在快充口处测量，通信电压为 2.5V。在快充 CAN 网络没有通信时，数据线都是 2.5V，无数据，PDM 模块处于休眠状态。

某新能源汽车通信唤醒方式如图 10.4 所示。当插入直流充电枪时，直流充电桩会通过 S+ 和 S- 发送 CAN 通信数据，此时 PDM 模块会被快充 CAN 唤醒，唤醒后进入工作状态。PDM 模块集成在前机舱四合一控制器内。

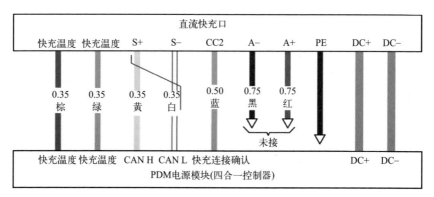

图 10.4　某新能源汽车通信唤醒方式示意图

## 10.5　快充系统第三种唤醒方式

除了 A+ 和 A- 唤醒和通信唤醒，还有 CC2 唤醒方式（图 10.5）。在整车进入休眠状态时，快充 CAN 通信网络无电压，A+ 和 A- 无电压，只有 CC2 充电连接确认线有 5V 或者 12V 监测电压。当充电枪插入时，CC2 的电压会被充电枪拉低为 0V，整车控制器监测到 0V 电压后被唤醒。

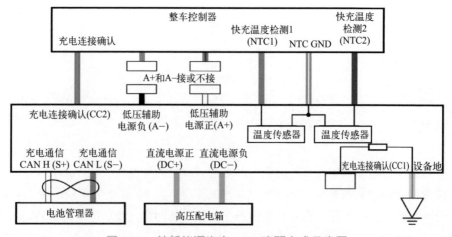

图 10.5　某新能源汽车 CC2 唤醒方式示意图

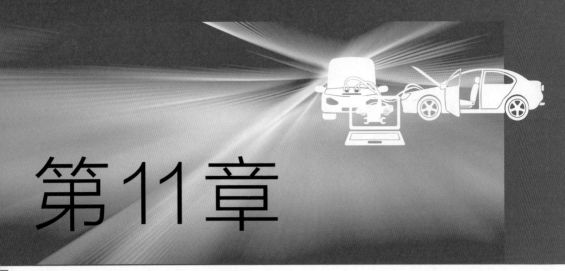

# 第11章

# 高压互锁系统

## 11.1 高压互锁设计理念

高压互锁主要针对高压系统安全而设计，是高压系统的保护系统，其使用低压信号来检查电动汽车上所有与高压母线相连的各分路，包括整个电池系统、导线、连接器、DC/DC转换器、电机控制器、高压配电箱、电动压缩机、加热PTC等高压部件。当整个动力系统高压回路连接断开或者完整性受到破坏的时候，就需要启动安全措施，进行高压断电，以保证安全。由于电动车高压系统是由多个子系统组成的，高压部件之间都是靠连接器相互连接，同时运行的环境十分恶劣，大多数工况处在振动与冲击条件下，因此，高压互锁设计是确保人员安全和车辆设备安全运行的关键。

## 11.2 高压互锁监测原理

如图11.1所示，高压互锁端子安装在高压插头中间，分别在高压插头端和高压接口端上，互锁端子为两个接口。一般在高压插头端为"短接"端子，用万用表测量端子为导通状态。高压接口端子为"串联监测"端子。监测信号由端子的一端传到另一端。

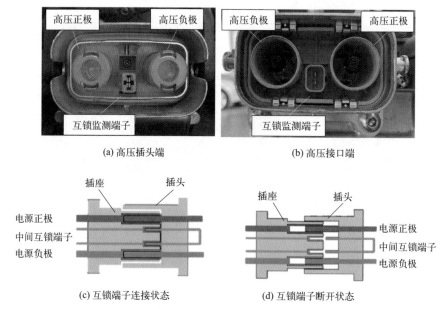

(a) 高压插头端

(b) 高压接口端

(c) 互锁端子连接状态

(d) 互锁端子断开状态

图 11.1　高压互锁端子

图 11.2 为北汽新能源 EV200 高压互锁电路示意图。高压互锁实际上就是通过一条线，将所有的高压插头串联起来，最后这条线接地或者是回到出发点，如 VCU 发出、VCU 接收。当线路断开时监测电压就会变化，从而由电脑监测到故障。

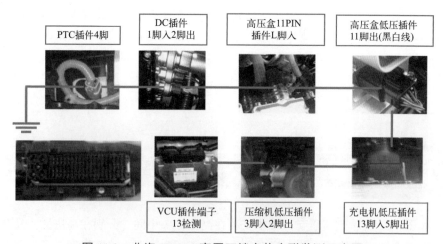

图 11.2　北汽 EV200 高压互锁实物串联监测示意图

## 11.3 北汽新能源汽车互锁监测方式

如图 11.3 所示，以北汽 EV200 为例，整车控制器 VCU 发出互锁监测电压，VCU 内部有上拉电阻，互锁监测电路从整车控制器出发，首先连接到达压缩机低压插件，再串联高压接口从低压接口出，到车载充电机、高压控制盒（高压配电箱）、DC/DC 转换器、PTC 暖风加热器，再接地到车身。当整个系统高压插头对接正常时，互锁线为 0V。0V 时高压互锁系统正常。VCU 内部互锁识别会检测到正常状态。当有高压插头拔出或者松动时，互锁电路就出现断路，VCU 内部上拉电阻 12V 会直接连接到互锁识别电路，监测到 12V 时高压互锁系统异常，VCU 就会控制高压断电进行保护，防止出现高压外漏等危险情况。

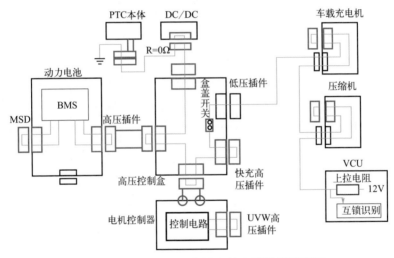

图 11.3 北汽 EV200 高压互锁串联监测示意图

## 11.4 比亚迪新能源汽车互锁监测方式

比亚迪高压系统互锁分为高压互锁 1、高压互锁 2、高压互锁 3 三部分。

（1）高压互锁 1

如图 11.4 所示，蓝色线路串联为高压互锁 1，高压互锁 1 基于 PWM 占空比信号实现。

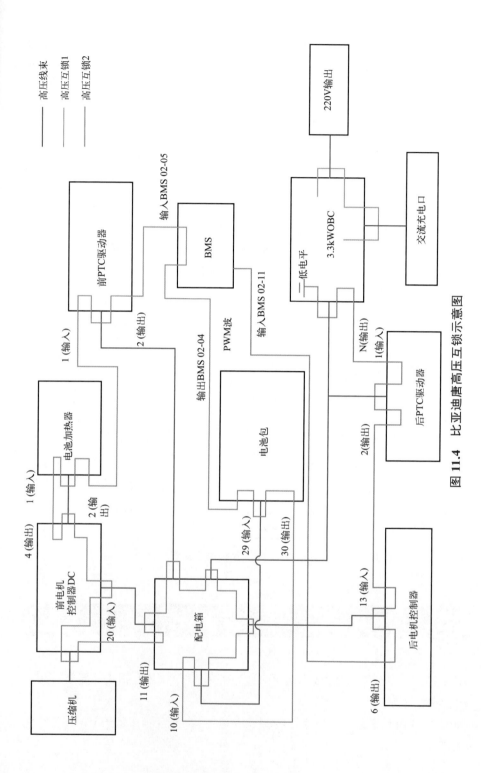

图 11.4　比亚迪唐高压互锁示意图

BMS 电池管理器在启动时，会进行高压互锁自检。示波器连接及互锁 PWM 波形如图 11.5 所示。由 4 号脚输出 PWM 信号，5 号脚接收 PWM 信号。如果 BMS 电池管理器 4 号脚发出 PWM 占空比信号，而 5 号脚没有接收到 PWM 占空比信号，电池管理器就认为高压系统互锁有脱落或拔插情况，会立刻控制高压断电进行保护。

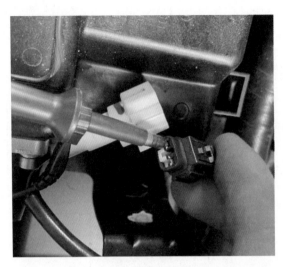

(a) 示波器连接示意图

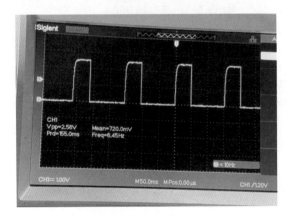

(b) 互锁PWM波形示意图

**图 11.5  示波器连接及互锁 PWM 波形**

（2）高压互锁 2

高压互锁 2 由 BMS 电池管理器将后电机控制器、后 PTC 驱动器、车载充电机进行串联起来（图 11.4 中的绿色连接线），最后在车载充电机处接地。如果 BMS

145

电池管理器监测到没有接地就会认为高压互锁 2 故障，进行故障上报，断开高压进行保护。

（3）高压互锁 3

比亚迪高压互锁 3 如图 11.6 所示。高压互锁 3 为通信式互锁。互锁原理为当前电机控制器没有输出高压电到压缩机时，压缩机 ECU 电脑就认为高压插头存在脱落和拔插情况，压缩机 ECU 会通过 CAN 通信的方式把数据发送到空调 ECU，空调 ECU 再将信息数据发送到网关控制器，网关控制器再将信息发送到电池管理器，电池管理器接收到信息后会控制高压下电，进行断电保护。例如，压缩机高压保险丝熔断，即使线路正常，那么高压系统也会报故障，进行高压下电保护。

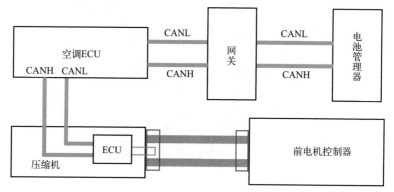

图 11.6　比亚迪通信互锁示意图

高压互锁故障码如图 11.7 所示。

| NO. | 故障编号 | 故障码内容 | 故障码状态 |
|---|---|---|---|
| 5 | P1A6000 | 高压互锁1故障 | 历史故障 |
| 7 | P1AC200 | 高压互锁2故障 | 历史故障 |
| 8 | P1AC300 | 高压互锁3故障 | 当前故障 |

图 11.7　高压互锁故障码

高压互锁 1 故障监测原理：当电池管理器发出的 PWM 占空比检测信号到互锁线，互锁的另外一条线回到电池管理器，那么电池管理器发出的 PWM 占空比信号同时也要回到电池管理器，等于发出的信号要接收回来。如果电池管理器发出信号后，在另外一端无法接收，就认为互锁存在故障，此时电池管理器就会上报"高压互锁 1 故障"，需要对高压系统的高压接头和低压接头进行检测。

高压互锁 2 故障监测原理：电池管理器在高压互锁线内部设有上拉电阻，互锁线将后电机控制器、后电机、充电机进行串联然后接地，当互锁线接地时说明互锁正常。当有接头出现接触不良或拔出时，上拉电阻的电源会无法接地，电池管理器检测到信号电压是高电位时，说明互锁存在故障，此时上报"高压互锁2故障"，需要检测后高压系统的高压接头和低压接头。

高压互锁3故障监测原理：比亚迪汽车的空调压缩机和PTC加热器没有使用互锁线进行监测，它通过高压上电后监测是否得到高压电来判断有无故障，如上电后正常应有高压供电。当上电后没有得到高压供电，电动压缩机或PTC控制器通过CAN通信网络告诉BMS电池管理器，BMS电池管理器接收到CAN数据时，就会下高压电同时上报"高压互锁3故障"，此时需要检测压缩机/PTC加热器保险丝和连接接头。

## 11.5 奇瑞新能源汽车高压互锁监测方式

奇瑞新能源汽车高压互锁一共分为"五路互锁"，互锁方式为硬线互锁，如图11.8所示。

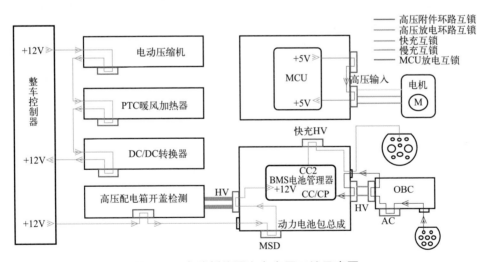

图 11.8　奇瑞新能源汽车高压互锁示意图

高压附件环路互锁：整车控制器发出监测电压，电压为12V，到电动压缩机、PTC暖风加热器、DC/DC转换器，再被整车控制器接收。如果整车控制器没有接收到发出的12V电压信号，那么就会上报"高压附件环路互锁故障"。

高压放电环路互锁：由整车控制器发出 12V 监测信号，到高压配电箱开盖监测、电池包低压插头、手动维修开关 MSD、电池包放电插头、BMS 电池管理器。如再启动时电池管理器没有接收到 12V 电压信号，那么会上报"高压放电环路互锁故障"。

快充互锁：CC2 插枪确认线→电池包低压插头→快充高压插头→ BMS 电池管理器。

慢充互锁：CC 或 CP 进行互锁→ OBC 车载充电机低压插头→交流输入插头→高压充电输出插头→电池包低压插头→慢充高压插头→ BMS 电池管理器。

MCU 放电互锁：MCU 电机控制器进行自身互锁监测→开盖监测或高压进入插头→电机三相输出插头→ MCU 电机控制器。如 MCU 没有接到自身发出的电压信号，就会上报"MCU 放电互锁故障"。

# 第12章

# 电动空调系统

## 12.1 电动空调系统原理组成

　　由电动机驱动的压缩机将气态的制冷剂从蒸发器中抽出，并将其压入冷凝器。高压气态制冷剂经冷凝器时液化而进行热交换（放热），热量被车外的空气带走。高压液态的制冷剂经膨胀阀的节流作用而降压，低压液态制冷剂在蒸发器中汽化而进行热交换（吸热），气态的制冷剂又被压缩机抽走，泵入冷凝器，如此使得制冷剂进行封闭的循环流动，不断将车厢内的热量排到车外，使车厢内的气温降至适宜的温度。新能源汽车空调原理示意图如图 12.1 所示。

　　压缩机：新能源汽车空调制冷系统的心脏，起着压缩和输送制冷剂蒸气的作用。空调制冷系统的电动压缩机由内置电动机驱动，空调变频器提供交流电驱动压缩机。

　　冷凝器：作用是把电动压缩机排出的高温高压气态制冷剂的热量传给大气，冷凝器是一种由管子与铝散热片组合起来的热交换设备，使制冷剂冷凝成液体。冷凝器中制冷剂液化时需要释放大量的热量，所以车载空调冷凝器大多布置在车头散热水箱前面，由电机冷却系统风扇或冷凝器风扇或两者共同进行冷却。

　　干燥器：作用是储存液体，吸收水分，过滤脏物，观察制冷剂流动工况。干燥储液瓶一般是密封焊死的钢制或铝制压力容器，里面放有干燥剂和过滤网。从冷凝器过来的高压液态制冷剂从上部进入瓶中，经过过滤干燥后，从底部由引管排出至膨胀阀。

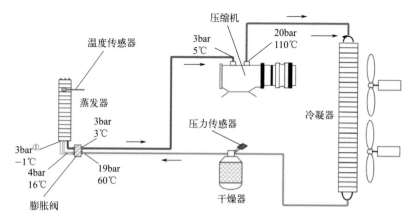

图 12.1　新能源汽车空调原理示意图

压力传感器：监测空调管道内的压力，防止压力过高或压力过低，是对压缩机进行保护和确保系统正常制冷的必要传感器。

膨胀阀：当高压中温液态制冷剂经过膨胀阀内部的小孔径装置后，其流量因受到节制而减少，减少流量的制冷剂进入有较大空间的蒸发器后，压力降低，制冷剂雾化成液态微粒，温度随着压力同时降低。压力降低使制冷剂立即产生蒸发的物理变化，此时要吸收大量的热量。

蒸发器：作用是将膨胀阀出来的低压制冷剂蒸发以吸收车内空气的热量，从而达到车内降温的目的。其工作原理与冷凝器刚好相反，从膨胀阀进入蒸发器的制冷剂由于体积突然膨胀而变成低温低压雾状微粒，这种状态的制冷剂极易汽化，汽化时将吸收周围（车内）大量的热量。

温度传感器：作用是实时监控蒸发器的温度，防止蒸发器温度低于"0℃"，防止蒸发器结冰，造成蒸发器堵塞，导致空调制冷效果下降和出风量变小。

## 12.2 电动压缩机内部结构

电动汽车空调系统保留原基础车冷凝器总成、暖风蒸发箱主体部分。传统的空调系统压缩机是由发动机的皮带来进行传动压缩，电动汽车没有发动机，没有

---

① 1bar=100kPa。

带传动，因此重新设计了电动空调压缩机（图12.2）。

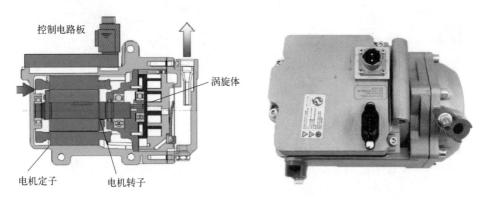

控制电路板

涡旋体

电机定子　电机转子

(a) 压缩机结构示意图　　　　　　　　　(b) 电动压缩机实物图

图 12.2　电动空调压缩机

电动压缩机内部和普通油车机械压缩机结构有所不同，后者的斜盘式和摆盘式压缩机内部由活塞连杆、进排气阀等组成，而电动压缩机内部是靠涡旋（图12.3）来进行压缩，静盘固定，动盘与转子相连，压缩机启动时动盘进行旋转和静盘形成压缩。动盘与静盘如图12.4所示。

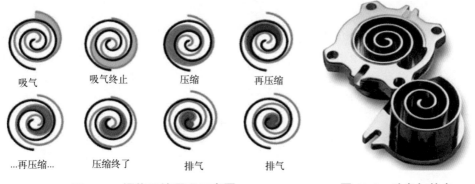

吸气　　　吸气终止　　　压缩　　　再压缩

...再再压缩...　　压缩终了　　　排气　　　排气

图 12.3　涡旋压缩原理示意图　　　图 12.4　动盘与静盘

## 12.3 电动压缩机低压插头定义

电动压缩机一共分为两个电路接口，一个为低压控制接口，一个为高压供电接口。低压控制接口如图12.5所示。

151

图 12.5　压缩机低压插头多款示意图

图 12.5 的插头类型基本适用大部分车型，主要分为 CAN 通信控制和硬线控制两种。

通过 CAN 通信控制定义：从左边数过来第一脚为 12V 电源线，第二脚为互锁出，第三脚为互锁进，第四脚为接地 0V，第五脚为 CAN H，第六脚为 CAN L，如图 12.6 所示。带 CAN 通信需要"报文数据"才能启动压缩机，压缩机调速也通过 CAN 数据网络进行。

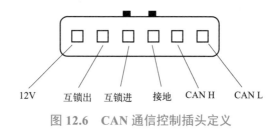

图 12.6　CAN 通信控制插头定义

硬线控制定义：第一脚为 12V 电源，第二脚为"使能"脚（一般使能控制脚不工作情况为 12V，工作电压为 0V），第三脚为"调速"控制脚（一般调速控制脚大部分车型没有设计，调速设计电压 12V 为不工作电压，0V 为工作电压），第四脚为接地，如图 12.7 所示。

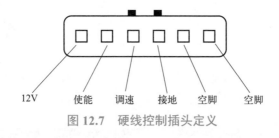

图 12.7　硬线控制插头定义

八线压缩机低压插头定义如图 12.8 所示，广汽传祺、广汽埃安、一汽新能源、吉利汽车、上汽大通、宝马汽车等新能源车型配置该类型压缩机。该压缩机为 LIN 通信驱动，吸气口靠近控制器，有利于散热，重量低、安装点少，质心靠中、NVH 较好。第一脚为电源，第二脚为 LIN 通信，第三脚为接地，第四脚 NC（空脚）；第五脚为 NC（空脚），第六脚为互锁进入线，第七脚为互锁输入线，第八脚为 NC（空脚）。

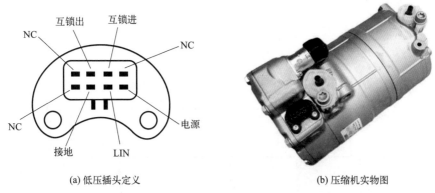

(a) 低压插头定义             (b) 压缩机实物图

图 12.8 八线压缩机（一）

图 12.9 中的压缩机为北汽新能源、吉利新能源、威马新能源等车型厂家采用压缩机，驱动方式为 CAN 通信。吸气口靠近控制器，有利于散热。第一脚为 CAN L，第二脚为 CAN H，第三脚为 NC（空脚），第四脚为 NC（空脚），第五脚为互锁输出，第六脚为互锁进，第七脚为电源，第八脚为接地。

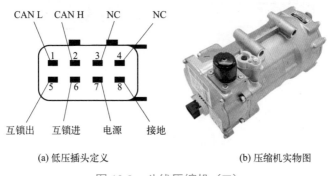

(a) 低压插头定义             (b) 压缩机实物图

图 12.9 八线压缩机（二）

 **12.4** **电动压缩机硬线控制电路**

图 12.10 为某新能源汽车压缩机控制电路图，该类硬线控制电路在运营物流车上比较常见，如长安跨越 V5、陕汽通家电牛、北汽福田、航宇汽车等车型。其直

接通过硬线信号启动压缩机工作，不需要 CAN 通信和 LIN 通信网络信号，控制电路简单，维修检测容易。

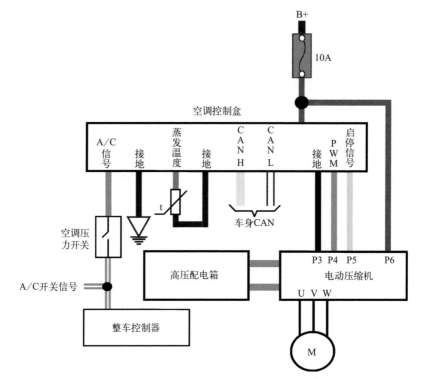

图 12.10　某新能源汽车压缩机控制电路图

## 12.5　电动压缩机 LIN 通信控制电路

　　图 12.11 为某新能源汽车 LIN 通信控制电路图，吉利新能源、广汽传祺、广汽埃安、上汽大通、一汽新能源、宝马汽车、长安新能源等车型都有配置该通信控制电路。

　　LIN 通信控制无法使用普通万用表进行测量，测量到的只是 LIN 通信的平均电压值，不能作为压缩机通信是否正常的判断。通过示波器波形（图 12.12）可以准确看出 LIN 通信电压的变化和控制。LIN 线 12V 电源为高电平，0V 为低电平，通过高低电平的转换生成二进制的数据，代表不同的控制。

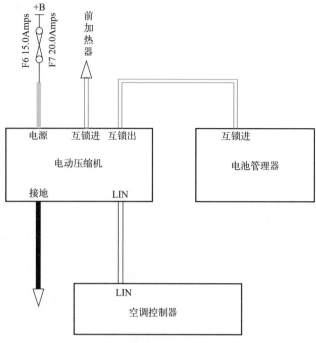

图 12.11　某新能源汽车 LIN 通信控制电路图

图 12.12　LIN 通信控制波形电压示意图

 **12.6　电动压缩机 CAN 通信控制电路**

　　如图 12.13 所示，当空调系统需要启动时，A/C 自动空调模块控制热管理继电器吸合，压缩机得到电压 12V，此时压缩机接收 CAN 通信数据，A/C 空

调模块发送启动数据到 CAN 通信网络上，压缩机收到 CAN 启动数据后控制压缩机进行运转。同时，压缩机如有故障也会通过 CAN 通信网络进行故障上报。

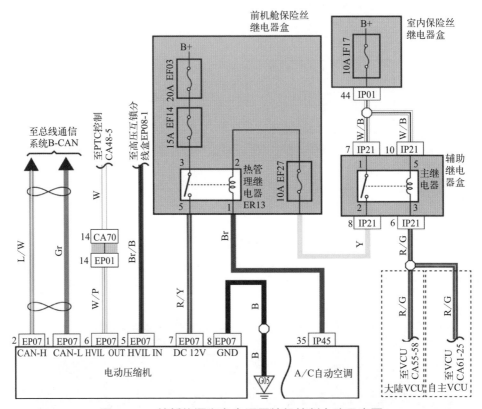

图 12.13　某新能源汽车空调压缩机控制电路示意图

## 12.7　电子膨胀阀工作原理

　　电子膨胀阀（图 12.14）是新能源纯电动汽车新增加的部件，空调制冷系统中的电子膨胀阀具有节能、适用温度低、精准度高、响应速度快等优点，可以实现最为舒适、节能的空调控制，让室内换热器的送风温度不会下降过多，从而节省了空调除霜等作业能耗，增强了用户的舒适感。

　　电子膨胀阀与普通 H 型膨胀阀外观基本相同，只是增加了电子控制高压端的电磁阀（小型驱动电机）。图 12.14（a）中，①为充气隔膜，②为低压通道，③为膨胀阀本体，④为高压通道（电磁阀控制端），⑤为小型驱动电机，⑥为控制接头端子。

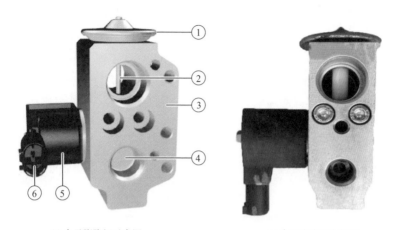

(a) 电子膨胀阀示意图　　　　　　　　　　(b) 电子膨胀阀实物图

图 12.14　电子膨胀阀

电子膨胀阀在汽车中主要用于乘客舱空调和电池内部冷却两个部分（图 12.15）。电池冷却和乘客舱制冷都是共用一个电动压缩机，那么如果不使用电子膨胀阀则两个系统会同时工作。所以设计了电子膨胀阀，当乘客舱需要制冷时，乘客舱电子膨胀阀打开，不需要制冷时，膨胀阀关闭。当电池温度过高时，电池端冷却膨胀阀打开，对动力电池进行降温。

图 12.15　电子旁通阀 / 膨胀阀安装示意图

## 12.8 电子膨胀阀控制电路

　　五线电子膨胀阀（图 12.16）为步进电机驱动，如比亚迪汽车就采用步进电机控制，步进电机控制更加精确和细致。内部有两组线圈 A1 和 B1、一根供电线，空调电脑控制 A1 和 B1 两组线圈通电进而控制膨胀阀的开度，从而调节制冷剂流量。

　　两线电子膨胀阀（图 12.17）控制应用比较广泛，如北汽新能源、广汽新能源、吉利汽车、威马汽车、哪吒汽车、奇瑞汽车、长安汽车、小鹏汽车、领克汽车、零跑汽车等车型都使用两线电子膨胀阀（旁通阀），电子膨胀阀一端接地，空调电脑控制电源。

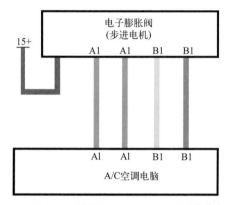

图 12.16　五线电子膨胀阀电路示意图

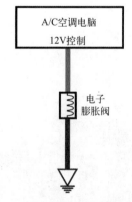

图 12.17　两线电子膨胀阀电路示意图

# 第13章

# 暖风供给系统

传统燃油车暖风供给方式基本都是将发动机余热传至水管和暖水箱进行制暖。新能源汽车通常是利用电加热的方式来产生暖风。电加热的方式有两种：一种是通过加热冷却液，再经过循环为暖风水箱提供热量；另一种是直接加热经过蒸发箱的空气实现暖风。

 **13.1** 加热丝暖风系统

PTC空气加热器主要是早期车型配置，可为乘客舱提供热能。其安装在空调蒸发箱内，通电产生热，鼓风机再进行送风，解决空调暖风问题。同时也能为动力电池进行加热。

PTC加热器为电阻加热，外观类似暖水箱。图13.1为北汽新能源EV160加热器，内部一共有七组加热丝，加热丝分批加热。内置PTC温度传感器，当PTC温度达到一定值时，PTC加热器会停止加热，防止PTC过热损坏。

图13.2为北汽新能源EV160加热丝式空调暖风加热控制电路示意图。PTC加热总成安装在车内通风箱，PTC控制器集成在高压配电箱内部。当空调需要暖风时，空调控制器通过CAN通信网络发送数据到高压配电箱（集成PTC控制器），PTC控制器控制加热丝通电，根据暖风的需求来控制1.5kW和2.0kW的加热丝加

热。温度传感器实时监测 PTC 温度，防止过热。加热丝通电控制为 PWM 占空比通电控制。

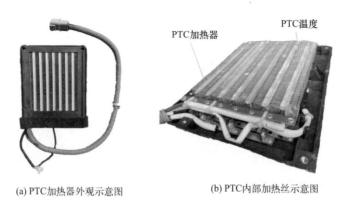

(a) PTC加热器外观示意图　　　　　　(b) PTC内部加热丝示意图

图 13.1　加热器

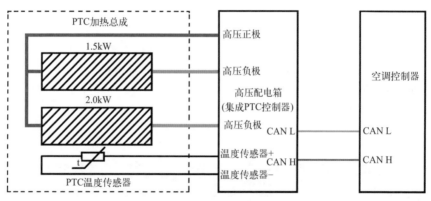

图 13.2　加热丝式暖风电路控制示意图

## 13.2　PTC 水加热器暖风系统

　　PTC 水加热器为驾驶舱主要热源（汽车内部温度调节），支持混合动力或电动汽车动力电池的温度调节冷却，通过加热冷却液将电能转化为热能。比起空气加热器，水加热器的热能持久性更高，更省电。

　　PTC 水加热为空气加热的二代升级，二代 PTC 水加热器代替了原来的发动机冷却液余热。它主要是将冷却液加热输送到乘客舱暖风水箱，再由鼓风机送风到车内，完成暖风供给。图 13.3（a）为 PTC 水加热器示意图，广汽传祺、广汽埃安、吉利汽车、启辰新能源、威马汽车、奔驰汽车、沃尔沃等车型配置该类 PTC 水加热器。图 13.3（b）为比亚迪新能源暖风水加热器。PTC 水加热器采用高压供电（动力电池电源），内置有低压控制电路板，由低压空调控制器进行控制。

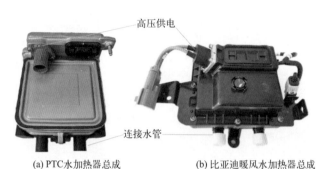

(a) PTC水加热器总成　　　　(b) 比亚迪暖风水加热器总成

图 13.3　水加热器

以比亚迪系统为例（图 13.4），当空调暖风系统工作时，PTC 加热器将冷却液加热，暖风水泵驱动水流进行循环，四通阀处于 AB 接头状态。冷却液被加热后流向四通阀，四通阀再到车内暖风芯体，车内鼓风机进行送风得到热能。冷却液经过暖风芯体回到暖风水泵进行水循环，循环加热水流工作。

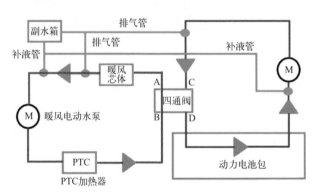

图 13.4　比亚迪汽车空调暖风系统示意图

如图 13.5 所示，当动力电池温度较低时，动力电池管理器与空调控制器进行 CAN 通信数据交换，空调控制器接收到暖风请求后，通过 CAN 通信网络向 PTC 水加热器发送启动数据。同时，暖风水泵和电池水泵进行工作驱动水循环，四通阀由 AB 通和 DC 通，改为 AC 通 BD 通，将暖风系统冷却液和电池系统冷却液形成串联，PTC 加热器的水流经过动力电池包，动力电池包此时得到加热升温。

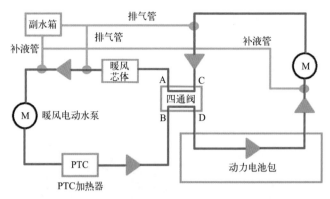

图 13.5　比亚迪动力电池加热示意图

## 13.3　PTC 加热器控制电路

当暖风系统工作时，空调控制器通过 CAN 通信网络将数据传输到 PTC 加热控制器，PTC 加热器对发热电阻进行供电，电阻发热将冷却液加热。空调控制器对暖风水泵进行控制，暖风水泵为继电器式控制。PTC 加热器控制电路比较简单，如图 13.6 所示。如 PTC 控制器发生故障，也会通过 CAN 通信网络进行故障上报。

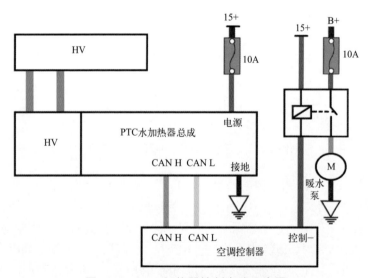

图 13.6　PTC 加热器控制电路示意图

# 第14章

## 故障案例分析

**14.1** **比亚迪秦混合动力行驶无法充电故障**

车辆信息：2018 款比亚迪秦混合动力（二代），如图 14.1 所示。

图 14.1　车辆外观图片

图 14.2　仪表故障照片

该车客户反映，车辆在动力电池没有电的情况下，车辆加不起速，有电开起来一切正常，仪表没有故障灯，如图 14.2 所示。

根据客户的描述，该车行驶了 73794km。维修技师进行路试发现故障确实存在。正常情况下动力电池电量低时，车辆跑起来发动机输出动力的同时也会通过电机发电向动力电池进行充电。通过仪表故障照片可以看出，动力电池的电量已经非常低，发动机启动但没有对动力电池进行充电。

随后，维修技师使用诊断仪读取发动机故障码，存在"节气门位置传感器A/B线路低电压故障"，变速箱系统存在"CAN节气门信号错误"，在踩下加速踏板时，节气门开度不进行变化，位置传感器1和2电压为0V，为不正常状态，如图14.3～图14.5所示。

| 读取故障码 | | |
|---|---|---|
| 金新能源 V11.00> 手动选择车型> 混动DM车型> 秦> 秦17款 通用款> 发动机控制器_1.5TID(ECM) | | |
| NO. 故障编号 | 故障码内容 | 故障码状态 |
| 1 🔍 P0122 | 节气门位置传感器A线路低电压故障 | 当前故障，也是历史故障 |
| 2 🔍 P0222 | 节气门位置传感器B线路低电压故障 | 当前故障，也是历史故障 |

图14.3 读取发动机电控系统故障码

| 数据流 | | | |
|---|---|---|---|
| 比亚迪新能源 V11.00 > 手动选择车型 > 混动DM车型 > 秦 > 秦17款 通用款 > 发动机控制器_1.5TID(ECM) > 读取数 | | | |
| 名称 | | 值 | 单位 |
| 1:节气门开度 | | 10.0 | % |
| 2:节气门目标开度 | | 37.5 | % |
| 3:节气门位置传感器1 | | 0.00 | V |
| 4:节气门位置传感器2 | | 0.00 | V |

图14.4 读取发动机系统节气门数据流

| 读取故障码 | | |
|---|---|---|
| 亚迪新能源 V11.00> 手动选择车型> 混动DM车型> 秦> 秦17款 通用款> 变速箱控制器_干式(TCU) | | |
| NO. 故障编号 | 故障码内容 | 故障码状态 |
| 1 🔍 U1707 | CAN节气门信号错误 | 当前故障，也是历史故障 |

图14.5 读取变速箱系统故障码

使用万用表对节气门（图14.6）信号进行测量，测量位置传感器供电和接地均为正常。万用表测量信号1时，用手扳动节气门翻板动作，信号1无变化（异常）；测量信号2时，扳动节气门翻板动作，信号2无变化（异常）。在扳动节气门时，信号电压应随着翻板变化而变化，而信号1和信号2无变化，说明节气门内部已损坏。

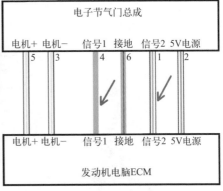

(a) 节气门测量实物示意图        (b) 节气门总成电路连接示意图

图 14.6 节气门

更换电子节气门总成后（图 14.7），发动机系统（图 14.8）和变速箱系统无故障，节气门数据流恢复正常（图 14.9），节气门开度与节气门目标开度基本一致，节气门位置传感器 1 和 2 信号电压也恢复显示。

图 14.7 更换新的节气门总成      图 14.8 发动机舱示意图

| 数据流 | | |
|---|---|---|
| >秦17款 通用款 >系统诊断 >ECM网 >发动机控制器_1.5TID(ECM) >读取数据流 | | 技术支持: 4008803086 |
| 名称 | 值 | 单位 |
| 1:节气门开度 | 19.0 | % |
| 2:节气门目标开度 | 19.2 | % |
| 3:计算节气门位置 | 18.8 | % |
| 4:节气门电机PWM | 22.0 | % |
| 5:节气门位置传感器1 | 1.20 | V |
| 6:节气门位置传感器2 | 3.80 | V |

图 14.9 更换后节气门数据流示意图

更换节气门总成后，重新进行路试，发动机开始为动力电池进行充电（图 14.10），仪表 SOC 值上升。故障排除！

图 14.10　仪表动力电池 SCO 充电示意图

维修总结：比亚迪混合动力在动力电池需要充电时，变速箱控制电机转速，电机控制器再进行发电整流为动力电池进行充电。本例中，变速箱控制单元需要获取当前的加速踏板信息和节气门位置信息以判断是否在加速或者稳定状态，获取到信息后才控制电机旋转进行发电，变速箱控制单元没有接收到准确的加速信号和节气门信号时无法精确控制电机发电，因此停止对电机的挂挡控制，因此不进行发电。

## 14.2　日产轩逸纯电动正常下电后无法重新启动故障

车辆信息：2018 款日产轩逸纯电动，如图 14.11 所示。

客户反映，车辆有时正常行驶时，仪表会点亮故障灯（整车系统故障灯），如图 14.12 所示，点亮后车辆可以继续行驶，但是只要关闭点火开关后就无法再次启动。还有有时充电充满后启动行驶一次就会再次点亮故障灯，需要使用解码器清除故障码后才可以启动。

根据车主的描述，该车行驶了 129682km。维修技师首先使用解码器读取故障码，高压系统存在"P31E7-00 禁止重启""P0AA6-00 混合电池电压系统隔离"故障，如图 14.13 所示。根据故障码分析，混合电池电压系统隔离故障意思为高压动力电池系统绝缘值低，说明高压系统用电器或者动力电池存在漏电故障。

日产轩逸多数车故障都为动力电池包绝缘漏电导致。测量动力电池绝缘阻值为 0.3MΩ（图 14.14），远远低于正常值。测量绝缘时还伴有电流声。日产轩逸采用软包三元锂电池，软包电池有铁外壳包裹。动力电池长期使用过程中，电池发胀，铁外壳片包裹向内延伸，导致软包电池边缘被割破（图14.15），电池接触到铁外壳包裹，所以漏电到车身。动力电池管理器监测到高压漏电，因此点亮故障灯。

图14.11　车辆外观图片

图14.12　仪表故障灯示意图

| 自动诊断 | | | |
|---|---|---|---|
| 东风日产新能源 V5.40> 自动识别车型> **读取VIN码** | | | |
| 纯电动/混合动力汽车 | P31E7-00 | 禁止重启 | 当前 |
| 纯电动/混合动力汽车 | P0AA6-00 | 混合电池电压系统隔离 | 当前 |

图14.13　读取高压系统故障码

图14.14　动力电池绝缘测量示意图

图14.15　动力电池破裂示意图

更换割坏的电池模组（图14.16），对全新的电池模组和整个电池包的模组进行防割处理（图14.17），使用绝缘胶带对电池模组铁外壳进行包扎和处理。使外壳在电池热膨胀时无法切割到电池模组，使模组使用寿命延长。

维修动力电池包，更换电池模组后，重新试车无故障，使用快速充电动力电池无故障，高压系统绝缘值正常，如图14.18所示。故障排除！

图 14.16　更换新的电池模组示意图　　　图 14.17　电池模组铁外壳防割示意图

图 14.18　修复后仪表无故障示意图

　　维修总结：该故障为日产轩逸车型通病。动力电池漏电属于比较危险的一种情况，厂家设计在高压绝缘出现故障后，仍然可以行驶，不进行断电处理。但是在关闭点火后就禁止启动，必须要进行维修后才可以启动。

## 14.3　威马 E5 行驶中断电故障

　　车辆信息：2021 款威马 E5 纯电动，如图 14.19 所示。
　　客户描述，该车行驶过程中有时会自动断电，仪表点亮故障灯（整车系统故障灯），如图 14.20 所示。故障出现后关闭点火开关等待一会之后又可以重新启动，有时放很久才可以启动。

图 14.19　车辆外观示意图

图 14.20　仪表故障照片示意图

　　根据客户的描述，该车行驶了 76091km。维修技师首先使用解码器进行系统故障读取。维修技师根据相关资料查出故障码定义，在电机控制器系统读取到"MCU 指示旋变解析故障 / 跟踪误差超过 LOT 阈值 / 相位误差超过锁相范围"故障，如图 14.21 所示，说明电机控制器在接收电机旋变位置传感器的信息时发生错误。

| 自动诊断 | | |
| --- | --- | --- |
| 威马汽车 V5.30> 手动选择车型> E5 | | |
| 整车控制单元(VCU) | P109496 | INV故障状态4级-组件内部故障 |
| 逆变器/动力驱动控制器(INV) | P170D00 | 未定义（MCU指示旋变解析故障） |
| 逆变器/动力驱动控制器(INV) | P172400 | 未定义（MCU指示旋变解析故障_跟踪误差超过LOT阈值） |
| 逆变器/动力驱动控制器(INV) | P172600 | 未定义（MCU指示旋变解析故障_相位误差超过锁相范围） |

图 14.21　整车控制器与电机控制器故障码示意图

　　电机控制器集成在电机内部，外观看起来就像只有一个电机一样（图 14.22），拆卸时需注意先放尽电机冷却液。电机内部集成有控制器，上层为电机控制器主板，下层为电机控制器功率 IGBT 板（图 14.23）。

　　更换新的旋变接收芯片，该芯片内部无程序，可以直接进行更换。更换全新的芯片后，装回电机控制器，用导线将旋变信号的连接针脚和旋变信号接收电路进行跨接，防止连接针脚和接收电

图 14.22　拆卸旁边电机外壳示意图

路出现虚接，如图 14.24、图 14.25 所示。

图 14.23　电机控制器内部示意图

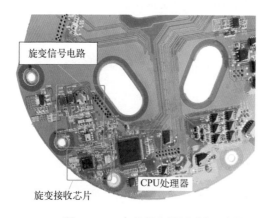

图 14.24　电机控制器主板示意图

图 14.25　防虚接处理示意图

维修好电机控制器后（电机控制器上方冷却液口需打胶进行密封），加注新的冷却液，重新启动车辆，进行路试后故障不再出现，如图 14.26 所示。故障排除！

图 14.26　仪表无故障示意图

维修总结：该威马车型电机控制器与电机集成在内部，与其他车型不同，由于电机控制器内部连接针脚长时间使用后接触不良，导致电机旋变信号不能正常被接收而出现故障。维修时也要更换全新的旋变接收芯片。

## 14.4 上汽荣威 eRX5 纯电动运动模式下断电故障

车辆信息：2017 款荣威 eRX5 纯电动，如图 14.27 所示。

客户描述：该车可以正常行驶，在不开运动模式下正常，但是只要开运动模式，加速踏板深踩一点，仪表就会点亮"电机故障"和"系统故障"指示灯（图 14.28），同时车辆失去动力，动力电池断电无法行驶。关闭后重新启动，车辆又可以正常行驶。

图 14.27 车辆外观示意图

图 14.28 仪表故障照片示意图

根据客户的描述，该车已行驶 187335km，维修技师首先使用诊断仪读取系统故障码，发现 TC 电机系统存在"P1DC5 转矩计算不合理"故障（图 14.29）。VCU 整车系统存在"P1B32 牵引电机发生警示性故障，P1B25 ECU 重置复位"故障（图 14.30）。清除故障后，重新路试，开启运动模式仍然会断电，故障确实存在。

图 14.29 TC 电机系统故障码

| 1 | VCU (车辆控制模块) | 故障\|2 | |
|---|---|---|---|
| **故障码** | | | |
| P1B32 | 偶发 | 牵引电机发生警示性故障 | ❄ |
| P1B25 | 偶发 | ECU重置复位 | ❄ |

图 14.30　VCU 整车系统故障码

　　进入特殊功能页面（图 14.31）：第一步，选择"驱动电机角度自学习"；第二步，按照提示对车辆设置条件；第三步，按照提示将车辆四轮悬空；第四步，用举升机顶起车辆；第五步，点击"确认"，此时车辆电机会进行动作，车轮会转动，等待诊断仪提示成功，旋变传感器重新监测电机，维修学习完成；第六步，再次读取电机系统故障码为无故障码。

图 14.31　诊断步骤

　　对电机位置角度进行重置学习，重新试车无故障，断电故障不再出现，如图 14.32 所示。故障排除！

　　维修总结：新能源汽车大部分电机为永磁同步电机，电机的磁场会随着时间增加和使用频率增大有所减少，导致电机的驱动出现偏差，电机控制器就会监测到故障。所以，对电机的位置进行重置学习就会消除故障。

图 14.32　仪表无故障示意图

## 14.5　东风御风 EM26 无法快充故障

车辆信息：2021 款东风御风 EM26 纯电动，如图 14.33 所示。

客户描述：该车开起来一切正常，无故障，就是无法进行快充，仪表照片如图 14.34 所示。

图 14.33　车辆外观示意图

图 14.34　仪表照片

根据客户的描述，该车行驶了 122772km。维修技师到快充桩处进行快充试验，发现确实无法充电，快充显示屏显示"启动失败：启动充电前直流输出接触器外侧电压小于充电机最小输出电压"，这个是快充桩检测到的故障，如图 14.35 所示。说明快充桩在配置电压后输出到车端时，检测到车端动力电池电压低于通信时上报电压，快充桩认为有故障，导致无法充电。

(a) 连接示意图        (b) 快充桩报故障示意图

图 14.35    快充桩检测

根据快充桩检测故障码提示，维修技师首先认为快充接触器或者快充熔断器（保险丝）存在故障，这两个元件是影响该故障的直接原因。快充接触器和熔断器都在安装在三合一内部（图 14.36），位于主驾驶座椅下方，拆开后内部有烧灼痕迹，快充接触有烧融现象，快充熔断器已经熔断，测量电阻值为 20.46MΩ，为不正常值（图 14.37），正常电阻值为 0Ω 左右。

图 14.36    三合一控制器拆卸示意图      图 14.37    测量快充熔断器示意图

更换全新的快充接触器和快充熔断器（图 14.38），装好三合一控制器，重新进行快充测试，可以充电（图 14.39）。故障排除！

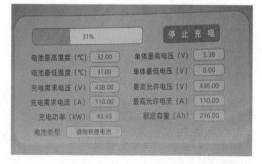

图 14.38    全新接触器 / 熔断器示意图      图 14.39    充电成功示意图

维修总结：维修快充系统必须要掌握快充充电的流程和控制步骤，再根据故障码提示进行维修。明白报故障的原因，再根据车辆的设计就可快速判断问题所在。三合一控制器内部连接器通过电流较小，当电流大时连接处发热，出现烧灼现象。

## 14.6 江淮 iev4 无法快充故障

车辆信息：2017 款江淮 iev4 新能源纯电动，如图 14.40 所示。

客户描述：该车不能快充，有时行有时不行，有时充电时会自动断电，现在不能充电了，仪表照片如图 14.41 所示。

图 14.40　车辆外观示意图

图 14.41　仪表照片

该车行驶了 59218km。维修技师首先用解码器对车辆进行故障读取，读取全车系统无故障。

维修技师将车辆开到快充桩进行充电，连接快充充电枪，车辆仪表可以点亮充电连接指示灯，但快充桩未显示车辆已连接，无扫码充电页面，说明快充桩检测不到插枪信号，如图 14.42 所示。

(a) 连接快充枪示意图

(b) 快充桩连接显示示意图

图 14.42　快充桩检测

维修技师用万用表测量 CC1 充电枪连接电阻，电阻值为 10.15MΩ（图 14.43），为不正常，电阻值远远超出正常范围，正常电阻值在 1000Ω 左右，说明快充口内部有损坏。

拆开快充头（图 14.44），内部有腐蚀痕迹，底座有明显腐蚀损坏，CC1 电阻（图 14.45）已经明显腐蚀损坏，导致 CC1 与 PE 之间无电阻，充电桩检测连接充电枪失败。

将损坏的 CC1 电阻进行重新更换（图 14.46），更换电阻为 1000Ω，使用电烙铁进行焊接，防止脱焊，装好快充口，使用万用表重新对 CC1 电阻进行测量，阻值为 984Ω（图 14.47），阻值恢复正常。

图 14.43 CC1 充电枪连接电阻测量示意图

图 14.44 拆开快充头示意图

图 14.45 CC1 电阻示意图

图 14.46 更换新的电阻示意图

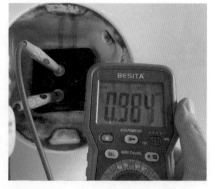

图 14.47 CC1 测量电阻示意图

维修好快充端口后重新到快充站进行充电，插枪后显示充电，手机端启动充电计时，快充屏幕显示充电信息（图 14.48）。故障排除！

(a) 充电启动示意图　　　　　　　　(b) 充电桩充电显示示意图

图 14.48　快充显示

维修总结：维修快充需要了解快充的充电流程，车辆的系统会对快充端口插枪是否牢固进行检测，快充桩也会监测快充枪插枪后是否牢固，快充桩和车辆如果检测到没有插枪则不会进行充电。

 **14.7 华晨鑫源上电闪烁电机故障灯无法行车故障**

车型信息：2020 款华晨鑫源 X30L 纯电动，如图 14.49 所示。

客户描述：该车有时可以正常上电行驶，有时启动后仪表显示故障灯（整车系统故障灯、电机系统故障灯），如图 14.50 所示，此时车辆无法行驶，重新启动多次后可能才恢复正常。

图 14.49　车辆外观示意图　　　　　　图 14.50　仪表照片

根据客户的描述，该车行驶了 138528km。维修技师对车辆进行测试，打开车钥匙启动，仪表显示 READY，但是随后电机故障灯和整车系统故障灯闪烁。车辆无法行驶。MCU 故障代码：6D（母线欠压故障）。

使用解码器读取电机系统故障码为"母线欠压故障"（图 14.51），在上电后出现故障。读取电机控制器系统数据流，直流母线电压从 300V 掉到 135V（图 14.52），说明电机控制器内部高压检测电路没有问题，因为它可以正常显示母线电压，如有问题则上电后显示为 0V 或低电压。分析可能是电机控制器的高压接触器存在虚接。

| 读取故障码 | | |
|---|---|---|
| 择车型> 华晨鑫源> X30L系列> X30LEV(2019)> 系统诊断> 电机控制器(MCU)> 电机控制器(汇川) | | |
| NO. | 故障码编号 | 故障码内容 | 故障码状态 |
| 1 | P180009 | 母线欠压故障 | |

图 14.51　电机控制器故障码示意图

| 读取数据流 | | |
|---|---|---|
| 择车型> 华晨鑫源> X30L系列> X30LEV(2019)> 系统诊断> 电机控制器(MCU)> 电机控制器(汇川) | | |
| NO. | 名称 | 值 | 单位 |
| 8 | 直流母线电压 | 135.0 | V |
| 9 | 直流母线电流 | 0.0 | 安 |
| 10 | IGBT(晶体管)模块温度 | 34 | 摄氏度 |
| 11 | 电机温度 | 17 | 摄氏度 |
| 12 | 电机编码 | TZ205XSFDM30C2020 | |
| 13 | 散热器温度 | 31 | 摄氏度 |

图 14.52　电机控制器上电数据流示意图

电机控制器高压供电由三合一控制器供给，三合一控制器安装在底盘后下方（图 14.53）。拆开三合一控制器，内部右边第一个就是电机控制器的高压接触器，如图 14.54 所示，拆下高压接触器给接触器线圈提供 12V 电源和接地，接触器可以正常吸合，但存在虚接状态。

电机控制器高压接触器

图 14.53　三合一控制器安装位置示意图　　图 14.54　三合一控制器内部示意图

更换全新的高压接触器（图 14.55）后，重新启动车辆，反复测试故障不再出现，仪表显示无故障（图 14.56）。故障排除！

图 14.55  全新接触器示意图

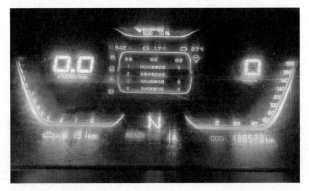

图 14.56  仪表无故障照片示意图

维修总结：母线欠压故障是电机控制器检测到在上电情况下电压已设定为动力电池电压，但在上电后电压低过电脑内部设定电压，就会报故障码。可能原因有保险丝、接触器、电机控制器损坏，通过电机控制器数据流就可以判断出问题所在。

 **14.8 奇瑞 eq 纯电动无法慢充故障**

车辆信息：2015 款奇瑞新能源 eq 两厢车型，如图 14.57 所示。

客户描述：该车由同行门店维修，同行讲该车可以正常行驶，可以正常快充，但无法慢充。已经更换了 OBC 慢充车载充电机、BMS 电池管理器，故障依旧。仪表照片如图 14.58 所示。

图 14.57　车辆外观示意图

图 14.58　仪表照片

根据客户的描述，该车行驶了 132704km。维修技师首先使用解码器对车辆进行故障读取，车辆系统无故障，随后使用慢充枪进行充电测试。

使用慢充枪连接车辆慢充口，慢充充电器上显示等待连接，实际已经连接，但充电器显示没有连接（图 14.59），说明 CP 线路有故障。仪表点亮充电连接插头指示灯，说明慢充口 CC 端子连接无故障。

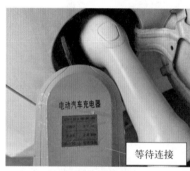

(a) 连接充电器示意图

(b) 仪表充电示意图

图 14.59　慢充桩检测

根据 CP 互锁示意图［图 14.60（a）］，CP 端子作为了慢充互锁线，CP 端子首先互锁了充电口的连接线束，再到车载充电机的低压插头端子，再互锁高压输出和交流输入的高压端子，再到电池包电池管理器。经过检测发现高压输出的互锁端子已经缺少，正常应有互锁端子，缺少后导致 CP 信号无法连接到 BMS 电池管理器，所以慢充枪无法显示连接。

更换 OBC 车载充电机高压输出线到电池包之间的高压线束后，重新插入充电器充电，显示连接正在充电。充电口"红色"指示灯点亮，仪表显示充电电流为6A（图 14.61）。故障排除！

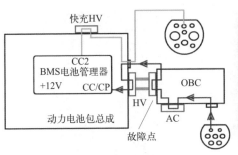

| (a) CP互锁示意图 | (b) 异常互锁端子 | (c) 正常互锁端子 |

图 14.60　CP 互锁

(a) 连接充电示意图　　　　　　(b) 仪表充电电流示意图

图 14.61　正常充电

维修总结：慢充系统需要 CC 和 CP 作为信号，CC 为充电连接确认线，CP 为充电功率确认和充电器的连接确认线。CP 信号为 PWM 信号，在插枪后 CP 信号电压没有变化到 9V，就认为没有连接车辆，CP 的信号传到电脑板控制器后才拉低为 9V 电压，没有拉低就证明 CP 线有断路现象。奇瑞 eq 是将 CP 用作互锁，最后到电池包内部接收 CP 信号。所以说，掌握充电流程才能更快地判断故障原因。

 **14.9　奇瑞小蚂蚁 eQ1 无法启动**

车辆信息：2018 款奇瑞小蚂蚁 eQ1 纯电动，如图 14.62 所示。

客户描述：该车停了一段时间，现在无法启动，仪表显示故障灯（整车系统故障灯、高压切断指示灯），如图 14.63 所示，只能拖车到店进行维修。

图 14.62　车辆外观示意图　　　　图 14.63　仪表故障照片示意图

根据客户的描述，该车行驶了 36254km。维修技师首先使用解码器对车辆进行故障读取，在整车控制器模块存在"高压附件环路互锁"故障（图 14.64）。该互锁故障会直接导致车辆无法启动和行驶，属于高压电控系统的保护检测功能。根据互锁示意图，电动压缩机、PTC 加热器、DC/DC 转换器为高压附件环路互锁（图 14.65）。

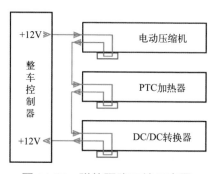

图 14.64　读取故障码示意图　　　　图 14.65　附件环路互锁示意图

在检测电动压缩机时，拔下压缩机低压控制插头（图 14.66），发现插头严重腐蚀，3 号针脚已经腐蚀断开（图 14.67），而 2 号和 3 号端子就是高压互锁的检测端子，现在 3 号端子断开，导致信号无法继续向下传递，所以 VCU 整车控制器报"高压附件环路互锁"故障。

将压缩机上盖控制电路板拆下（图 14.68），将低压接口使用电烙铁、吸锡器拆卸。再更换全新低压插头，如图 14.69 所示。

修复电动压缩机低压线路插头，对低压插头做防水处理，防止二次进水腐蚀导致故障。重新启动车辆无故障（图 14.70）。故障排除！

维修总结：高压互锁是车辆检测高压插头是否插好的一个检测电路。出现高压互锁故障时，车辆大都不能启动和行驶，会直接下电。高压互锁就是防止高压电外露对人或物造成伤害。它安装在高压插头之间，随着插头的拔插而导通和断开。电脑通过导通和断开就检测到高压互锁是否正常、高压插头是否插好。

图 14.66　压缩机低压插头示意图

图 14.67　腐蚀断针示意图

图 14.68　拆卸压缩机上盖控制电路板

图 14.69　更换新的低压插头

图 14.70　仪表启动无故障示意图

## 14.10 加速踏板传感器故障

一辆东风小康 / 瑞驰 EC36 车型行驶时偶发不能加速，车辆无法 READY，车辆无故障灯点亮，等待一会儿或者关闭钥匙开关重新启动，车辆又可以正常行驶，但是开几十公里或者几百公里左右故障又会重现。

东风小康 / 瑞驰 EC36 仪表上有显示小窗口，可以显示动力电池电压信息、电流信息、公里数信息、时间信息、动力电池单体电压信息、动力电池温度信息、驱动电机转速信息。这些信息需要在中控多媒体处或空调 A/C 开关旁的"切屏"按钮进行切换显示。

图 14.71 中，仪表显示"故障码 724"代码。724 故障代码含义为"加速踏板信号校验错误（三级故障）"，意思为加速踏板的信号 1 传感器和信号 2 传感器的电压不在规定倍数内进行电压变化，与整车控制器内部的程序设计不一致，此时 VCU 整车控制器就认为加速踏板出现故障。

图 14.71　东风小康 / 瑞驰 EC36 车型故障 724 代码

根据电路图（图 14.72）进行分析，可能存在的故障原因有：

① 加速踏板传感器故障；

② 加速踏板与整车控制器线路故障；

③ 整车控制器故障。

根据以上分析，可以使用排除法的方式。整车控制器作为核心控制器，从设计的角度和集成电路的逻辑分析，整车控制器一般不会出现故障，所以排除"③整车控制器故障"，那么剩下就是线路与传感器。可以直接使用万用表测量出来线路是否存在故障，如果线路无故障，那么就是传感器故障。

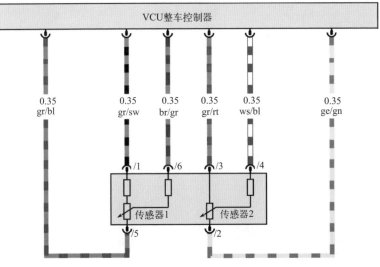

图 14.72　加速踏板与 VCU 整车控制器连接电路图

　　首先我们使用万用表测量线路的电阻或者导通方式。整车控制器安装在副驾驶座椅下方，找到整车控制器 VCU 与加速踏板的连接端子，使用电阻挡进行测量，测量到传感器 2 的供电线时电阻为 10.8Ω（图 14.73），正常导线电阻在 0.5 ～ 1Ω，传感器 2 的导线电阻已经严重超出了正常范围。处理好线路重新试车故障不再出现，故障排除！

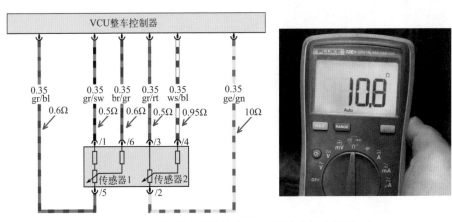

图 14.73　出现故障的传感器 2 的供电线电阻值